TEXTBOOK

CAMP

これからの
キャンプの
教科書

ⓘ池田書店

日常から離れて、
自然の中に
身を置いてみよう。

陽の暖かさや、
風の心地よさ、
鳥や虫たちの気配、
草木の優しさ。

心の安らぎを
感じながら、
とっておきの
時間を過ごそう。

焚き火をしよう。

火は、
野外の生活では、
貴重な
エネルギー源。

料理をして、
寒さに備えるのは
もちろんだが、
せっかくキャンプに
来たのなら、
何もせずに、
炎を眺めよう。

便利と不便を、
使い分ける。

アウトドアの
真髄は
創意工夫。

最低限の道具で
不便を楽しみながら、
進化した道具を
迎え入れ、
自分なりの快適を
手に入れる。

誰もが、自然に向き合える。
これが、
これからのキャンプだ。

はじめに

　私が初めて監修した本『新しいキャンプの教科書』（池田書店）を出したのは2015年のことですから、気がつけば随分と時間が経ったものです。その間に世の中ではさまざまなことが起こりました。自然災害、コロナウイルスの蔓延、戦争……。誰も予測できないことばかりに、心もずいぶん痛めたと思います。そんな中でもキャンプを楽しむ人は確実に増え、今ではすっかり市民権を得たレジャーのひとつになりました。本をきっかけにキャンプを始めたというファミリーやキャンプ場に持っていきバイブルにしているといった声も聞け、あの時期に手がけてよかったなぁとつくづく思います。

　『これからのキャンプの教科書』は『新しいキャンプの教科書』のバージョンアップ版です。変化した自然環境やアウトドアシーンに対応したノウハウを詳しく紹介しています。これからキャンプをやってみようというみなさんには具体的でわかりやすく、すでにキャンプを始めているみなさんにもしっかりと寄り添っていけるような本づくりを目指しています。

　この原稿を書いている2024年元日に能登半島で大きな災害が起きました。あらためてキャンプの持つ知恵やスキルが問われているように思います。きっとこれから先にもいろいろなことが起こるでしょう。どんな時でも強く楽しく生きる『これからのキャンプ』をみんなで一緒に考えてみませんか？

アウトドアライフアドバイザー　寒川　一

Contents

キャンプをはじめよう

この章では、キャンプのはじめ方や、
揃えておきたい道具のことを説明しよう。
「キャンプ道具って何から揃えたらいい?」
「家族をキャンプに連れていくのは初めて」
と、不安を感じる方もご安心を。
まずは、野外で寝泊まりするうえで必要な
キャンプの基礎知識を理解して、
できることから少しずつ準備すれば大丈夫。

これからのキャンプ

コロナウイルスで世界が激変したとき、
日本では空前のキャンプブームが起こった。
めまぐるしく変わるキャンプシーンだが、
この先どこへ向かっていくのだろうか。

心を豊かにしておく

さて、いつでも十分な道具や必要と思われる情報が簡単に手に入る時代となった。昔に比べるとずいぶん快適なキャンプになったことは間違いないだろう。ここから目指すのは何なのか。それは何かを捨てるようなことではなく、これらの道具や情報を使ってもっと豊かに、人間らしく、自然と寄り添うことではないだろうか。社会では人種や性別やハンデキャップを問わず、誰もが楽しい人生を送れる権利を守ろうとしている。それは私たちキャンパーも同じでありたいし、実践を伴いたい。

自分たちも気持ちよく楽しむ、しかし自分たちだけで消費し尽くすことなく、次の時代にバトンタッチするための種まきも必要だ。そして予告もなく突然に見舞われる災害や事故に対しても、アウトドアやキャンプの経験を活かして人助けができるキャンパーでもありたい。そのためには自然をよく知り、道具や技術だけではなく自分たちの心を豊かにしておく必要があるだろう。そんな想いを込めて、これからのキャンプに必要であろう要素を4つのキーワードにまとめてみた。

これからのキャンプのキーワード

ユニバーサル
Universal

ユニバーサルは「普遍的な」「すべての人の」と訳され、ここでは誰もが一緒に楽しめるキャンプを理想としたい。国籍やハンデも関係なく同じ場所に集い合う、その絵図を想像しただけでも心豊かになれる。それには互いの理解と尊重が一番大切だ。そうできる仕組みや環境も整えていきたい。

オーガニック
Organic

自然環境や人間の健康な暮らしに配慮した農法や加工を示す言葉で主には食品に使われるが、柔らかで温かみのあるというイメージもあわせ持つ。オーガニックというフィルターを通してキャンプにおける衣食住それぞれを見直してみよう。自然環境と自分自身の気持ちのよさをつなげてくれる。

セーフティ
Safety

どんな遊びでも冒険でも、安全に勝るものはない。無事に家に帰りついてこそのアウトドアだ。いかに危険を察知して回避するか、先回りして予測する観察力や想像力が必要だ。また他人の安全にも配慮したり、困りごとには助け合うキャンパーでありたい。小さなときから身につけておきたい感性だ。

サスティナブル
Sustainable

今や世界の常識になりつつある、持続可能な方法で豊かに暮らす考え方。一過性ではなく続けることに意味があるし終わりはない。キャンプは持続可能な遊びだが、身近な日常生活でも自然の循環活動を助けるアクションをしたい。リサイクルやアップサイクルを意識した用品選びも重要になる。

これさえあればキャンプは楽しい

便利なグッズをあれこれ駆使する楽しみ方もあるけれど、
キャンプはシンプルなほうが、準備・片づけも楽だしカッコいい。
キャンプに欠かせない最低限の3つの要素がこれだ。

豊かな自然環境

なによりの贅沢。お気に入りを探そう

人はだれでも、自然のなかに身をおくと心地よく、リラックスできるもの。これはきっと、生き物の本能だ。忙しく働くふだんの日々のなかではなかなか触れることができない、とびっきりの自然のなかで昼夜を過ごすキャンプにおいて、キャンプ地の環境はとても大事だ。自然に恵まれた素敵な場所があれば、それだけでキャンプは成功したも同然。「お気に入りの大木がある」とか「春の桜と秋の紅葉が最高！」とか、「魚がよく釣れる川がある」などなど……それぞれの視点で、お気に入りのキャンプ地を見つけたい。

焚き火

眺めるだけでも優雅な時間。もちろん料理にも

昔は家の庭でもされていた焚き火だが、最近ではすっかり見ることもなくなり、木の燃えるにおいや揺らめく炎に接する機会は皆無に等しい。しかし、焚き火はいい！火を焚いて過ごすキャンプの夜は最高だ。「火」を手に入れた古からの記憶がDNAに刻まれているのか。何もしないでただ眺めているだけで、なぜか気持ちが安らぐ。焚き火をするためにキャンプをするという人も少なくないし、焚き火に接してみて「好きじゃない」と感じる人は、そういないだろう。便利な道具がなくても、焚き火さえあれば、キャンプはとても豊かになる。

必要最小限の道具

選び抜かれた自分だけのキャンプセット

後にキャンプに必要な道具を紹介するが、そのすべてが必要なわけではない。道具はあればあるだけ便利で快適になるが、それでは家にいるのと変わらない。たとえば山登り。山小屋やテント場で快適に過ごそうと、あれもこれもザックに入れていくと重たい荷物を担いで登ることになる。自ずと必要な道具は絞り込まれていくのだ。とはいえ、引き算ばかりをすすめているわけではない。何かを減らした代わりに、ギターでもカメラでも外せないものは持っていく。自分だけの必要最小限のキャンプセットを選び抜こう。

キャンプで身につく「生きる力」

薪を拾って火をおこす、調理する、
外で寝る。たった数日のキャンプでも、
それは野外での生活だ。キャンプのスキルは、
野外で生きていく力でもある。

少ない道具で
暮らしを創造する

　キャンプは、日常生活とはかけ離れた野外生活でもある。便利なキャンプ道具があるとはいえ、スイッチひとつで火が点くコンロや、暖かいも涼しいも思いのままのエアコンのある「家」に比べれば、やっぱり不便だ。こうした少々の不便さを楽しむのもキャンプの醍醐味だが、加えてもうひとつ、キャンプ生活での経験は、生きる力を身につけることでもあ

る。たとえば大きな災害が起こり、電気やガスが止まってしまったら……。これは野外生活によく似た環境であり、キャンプのスキルがあれば、ムダに慌てることなく過ごすことができるのではないだろうか。家にキャンプ道具があるということも、もしものときの備えとなる。キャンプの経験を積んでいることで、「いざとなったら、屋外でも生活できる」スキルが身につく。それは自分や家族を守るための自信にもつながっていくだろう。

焚き火は、暖がとれ調理ができ、
周囲を明るくすることもできる優れ
もの。しかし木を上手に燃やすの
は、慣れないと意外と難しい。キ
ャンプ生活で火を焚くことに慣れ
ておけば安心だ。

自然をそのままに感じて過ごすキ
ャンプ生活を送ることで、さまざま
な環境に適応できる力が身につ
き、少ない道具で身の回りを整え、
快適に過ごす空間づくりも上手に
なる。

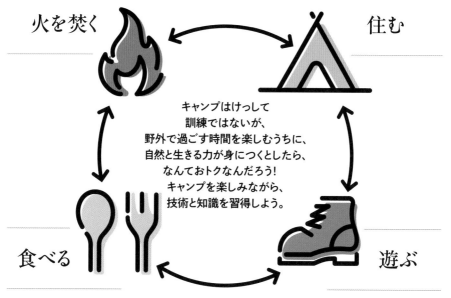

火を焚く

住む

キャンプはけっして
訓練ではないが、
野外で過ごす時間を楽しむうちに、
自然と生きる力が身につくとしたら、
なんておトクなんだろう!
キャンプを楽しみながら、
技術と知識を習得しよう。

食べる

遊ぶ

食事は命の源。家でも野外でも、
食事がなければ生きていくことは
できない。キャンプでの料理は、シ
ンプルな道具と入手できる材料で、
おいしいモノをつくること。これぞ
生きる力!

野外で遊ぶスキルとは、特別な道
具がなくても、身の回りにあるもの
を使って楽しく過ごすことができる
力でもある。遊びは生きる上での
潤滑剤やエネルギー源なのだ。

キャンプを楽しみながら、野外生活のスキルを身につけるということは、
たとえば災害時、避難生活など、「いざ」というときに備えることにもつながる。
スキルといっても、わざわざ学ぶことはなく、
何度も出かけているうちに、自然に身についてくるもの。
そんな力が「備え」となり、もしものときへの不安を軽くしてくれるだろう。

キャンプを楽しみながら
"いざ"に備える。

キャンプはオフグリッドで楽しめる

蓄電技術が向上したことで、
キャンプ場に電源を持ち運ぶことも可能になった。
電源があるキャンプのメリットを見てみよう。

自然から得られる電力を使おう

オフグリッドとは、電力会社が提供する送電網に未接続の状態で電力を自給自足する状態のことである。キャンプはそもそも電気に頼らず楽しむものだ。持ち運べる電気として電池が主流だった一昔前では、当然の風潮であった。しかし、リチウムイオンといった蓄電池の発達で、LEDランタンなどの充電を必要とする道具がキャンプでも主力になりつつある。特に、情報収集源でもありカメラとしても欠かせないスマートフォンの充電の可否は、キャンパーにとっても重要度が高い。もちろん、日常と同じモバイルバッテリーでも対応できるが、自然環境で行うキャンプだからこそ、ソーラーパネルなどを用いて太陽から得られる電力でまかなってみてはどうだろうか。

無理に使う必要はない

キャンプではどうしても電源が必要な場面があるわけではないので、必ずしも電源利用を推奨したいわけではない。あくまでオフグリッドでの生活の疑似体験として捉えてほしい。過剰に便利すぎるキャンプは、興が削がれてしまう。

電気を自給自足して
生活することは
災害時の生活に備えた
訓練になる！

進化が著しいポータブル電源の活用

災害時の備えとして一家に一台は欲しい

災害時の備えとして広く普及したポータブル電源。キャンプで使うなら、太陽光で充電できるソーラーパネルも一緒に備えたい。天気がよければスマホやLEDランタンを一晩使うくらいの電力は十分にまかなうことができるだろう。

昼間のうちに充電をしておこう

いざ使おうと思ったときに充電を忘れていると、とても不便な夜を迎えることになってしまう。LEDライトやヘッドライトの充電は必ずチェックしておく。他にも扇風機などの充電が必要なものは、明るいうちに確認して、不足している場合は充電をしておこう。

家電をキャンプに持ち込む

出力ワット数が大きいポータブル電源があると、炊飯器や電気ケトルなどの家電を持ち込むことも可能だ。忙しい朝や寒い冬の夜など、すぐに温かいものが欲しいときに重宝する。他にもホットプレートやプロジェクターなど、楽しむ道具の幅が広がる。

オフグリッドとともにオフラインも

SNSなどで誰とでも過剰につながることのできる時代。キャンプのときくらいは接続を断って、目の前の仲間や自分自身と向き合う時間にしてみるのはどうだろうか。スマホを開くのは必要最低限の情報収集に留め、その場そのときでしか体験できない事象に目を向けよう。

はじめてのキャンプに挑戦!

道具やスキルの不足など、いろいろ不安はあるけれど、
キャンプをしたい!と思ったら、とにかく外へ出かけよう。
どんなスタイルでもいい。野外生活の楽しさを知ろう!

外へ出かけて、寝てみよう

　裏の林につくった秘密基地や反抗期の小さな家出。子ども時代にちょっとワクワクした出来事とキャンプの楽しさは、少し似ている。自分だけの小さな空間、野外で過ごす夜は、世代に関わらず楽しいものだ。体験しないのはもったいない! とはいえ、すっかり大人になったいま、野外で寝るなんて寒いのでは? 暑いのでは? 汚いのでは? 虫が出るので

は? と不安が頭をもたげてくる。家族を連れていくとなれば、なおさらだ。そこで断言しよう。キャンプは楽しい! どんなスタイルでもいいから、まずは出かけてみてほしい。不安要素は、行き先選びや便利なグッズの活用で解消できるはずだ。

　最近は道具のレンタルも充実しているし、たとえば慣れないうちは、コテージを利用したり、ベテランキャンパーに同行するのもいい方法だ。ともあれ、まずは出かけてみること。楽しい世界が待っているぞ!

はじめ方はなんでもアリ。
楽しむことがいちばん!

おすすめしたい4つのはじめ方

1
デイキャンプで
お試し

いきなり野外で一晩を過ごすのが不安ならば、まずはデイキャンプから始めてみよう。本番の泊まりキャンプに備えて、揃えた道具の使い方を試し、野外料理の楽しさとおいしさを体験する。お弁当持参のピクニックや河原でするバーベキューなどの延長として気軽に実践できる。野外生活の楽しさを知れば、早く本格キャンプに出かけたくなるに違いない。

2
仲間を見つけて
およばれ

周囲に、すでにキャンプを楽しんでいる人がいたら、ぜひキャンプに連れていってもらおう。何かと不安の多い初キャンプも、経験者と一緒なら安心だ。慣れている人は、道具の使い方をはじめ、さまざまな楽しみ方を知っているから、いきなり自分だけで行くよりも充実した時間を過ごすことができるし、キャンプのテクニックを知ることもできるのだ。

3
テントとシュラフだけ
持って!

キャンプの最大の醍醐味である「野外で(しかも地面に)寝る」体験は、テントとシュラフがあれば実践できる。いろいろ楽しもうとすると道具を揃えたくなるが、初体験として野外で寝てみて、テントの居心地のよさや大地の感触を確かめてみるのはどうだろう? 無理して一泊せず、昼寝だけの体験でも十分だ。キャンプの醍醐味を垣間みれる。

4
コテージに
泊まる

道具がない人にとっていちばん手軽な方法は、コテージ泊。それでも泊まるだけでは、ただの旅行になってしまうので、最低限の調理道具だけは持参して野外料理に挑戦しよう。バーナーや焚き火台、バーベキューグリルがあれば、鍋や食器、皿や箸は自宅で使っているものでも十分だ。シンプルな装備で、まずは自然のなかで過ごす気持ちよさを体験してみよう。

必要な道具を揃えよう

慣れないうちはここで紹介する一式を参考に、
必要な道具を持ち込もう。
次第に慣れてきたら、季節や行く場所に応じた、
自分なりの道具を厳選していこう。

道具のチェック表

●＝必須アイテム

衣

☐ 帽子●	→P38	☐ サンダル	→P38	☐ レインウェア●	→P41
☐ タオル●	→P38	☐ アウター、防寒具●	→P38,40		

食

☐ バーベキューグリル	→P34	☐ クッカー●	→P33	☐ 串	
☐ 網		☐ 包丁、まな板●	→P33	☐ 計量カップ	
☐ バーナー	→P32	☐ はさみ		☐ 密閉袋	
☐ 燃料●	→P32	☐ 缶切り、栓抜き		☐ アルミホイル	
☐ 食材（人数分）●		☐ トング		☐ キッチンペーパー	
☐ 飲み物、お酒●		☐ おたま		☐ 洗剤	
☐ 調味料●		☐ しゃもじ		☐ スポンジ	
☐ ウォータータンク●	→P32	☐ 食器●	→P33	☐ たわし	
☐ クーラーボックス●	→P32	☐ シェラカップ	→P33	☐ 布巾	
☐ 保冷剤、氷		☐ カトラリー●	→P33	☐ ゴミ袋、ビニール袋●	

住

☐ テント●	→P26	☐ マット●	→P35	☐ ヘッドライト●	→P67
☐ ペグ一式	→P56	☐ コット	→P35	☐ タープ	→P30
☐ ペグハンマー	→P30	☐ ブランケット		☐ テーブル、チェア	→P31
☐ レジャーシート		☐ ランタン●	→P34,66	☐ キッチンテーブル	→P32
☐ シュラフ●	→P35				

火

☐ 焚き火台●	→P34	☐ 薪		☐ グローブ●	
☐ 炭		☐ 火ばさみ●		☐ ライター●	

その他

☐ トイレットペーパー●		☐ 新聞紙		☐ 保険証●	
☐ 段ボール（断熱用）		☐ 救急セット●	→P170		

キャンプ道具一式の例

食器や包丁などは
家で使っているものでOK！

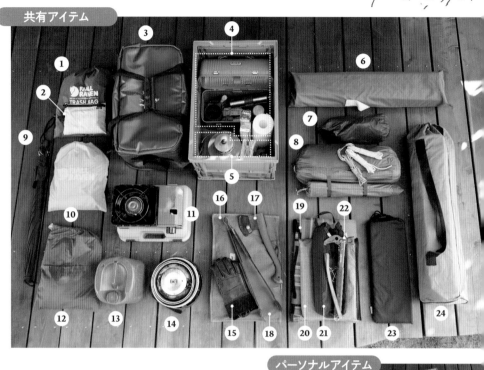

①	洗面用具	⑨	傘	⑰	アックス	
②	速乾タオル	⑩	着替え	⑱	焚き火台	
③	クーラーボックス	⑪	カセットコンロ	⑲	ブランケット	
④	コーヒーセット	⑫	レインウェア	⑳	レジャーシート	㉕ マット
⑤	ランタン	⑬	ウォータータンク	㉑	ペグ一式	㉖ 寝袋
⑥	テーブル	⑭	クッカー	㉒	ペグハンマー	㉗ チェア
⑦	タープ	⑮	グローブ	㉓	ミニテーブル	㉘ 水筒
⑧	テント	⑯	火ばさみ	㉔	コット	㉙ ヘッドライト
						㉚ サンダル

テント選びは家選び

テントがあれば、地球のどこでもわが家になる。
どこへ出かけるのも自由だ。居心地のよさに
こだわって、お気に入りのわが家を選ぼう。

シンプル・コンパクトな
タイプがカッコいい

　テントは、キャンプにおける大事なわが家であり、風雨、暑さや寒さ、虫などから身を守る大切なシェルターでもある。好きなときに好きな場所に設営すれば、あっという間に、その場が快適な住処になる。テントを持っていると、なんだか自由にどこへでも行くことができそうな気分になるものだ。簡易的な響きのあるテントという呼び名よりも、柔らかで自由な家＝「ソフトハウス」と呼びたい、重要なアイテムだ。

　形状やサイズにはいくつものタイプがあるが、いまおすすめしたいのは、ソフトハウスにふさわしいシンプルでコンパクトなタイプ。オートキャンプの定番だった小屋のような形の大きなテントに比べると居住性には劣るが、設営・撤収がしやすく、身軽さと自由度はピカイチだ。

高い耐風性を備えた
キャンプでの寝室

　キャンプテントの主流であり基本になるのがドームテント。2本のポールが天井部分でクロスし、テントの四隅に力を分散させることで高い耐風性を備えている。大小含めてさまざまな種類があるが、人がピッタリ川の字で眠ることのできる人数で定員が決められているため、使用人数よりも1〜2人分大きめのサイズを選ぶと快適に過ごすことができるだろう。

　キャンプでは主に寝るときのみに使われるため、まさに寝室のような使い方となる。

吊り下げ式とスリーブ式

ドームテントにはテント本体をポールに吊り下げるタイプと、テントについているスリーブにポールを通すタイプがある。前者は設営が比較的簡単で、後者は面倒だが強度が高いといわれている。

小型から大型まで
種類はさまざま！

軽量コンパクトな登山用

ほぼ同様の構造ながら、フロア面積の違いで数種のサイズ展開がある登山用のドームテント。ソロキャンプであれば、2人用を選べば室内で荷物を置くスペースもとれてゆったりと過ごせる。収納時はコンパクトになり、重さも2kg未満と軽量なのも特長。

ツールームテント

居住性が高く
ゆったりと過ごせる

　ツールームテントとは、ひとつのテントにリビングスペースとなる「前室」とインナーテントで設けられた「寝室」の2つの部屋があるテントのこと。ひとつのテントでキャンプでの生活空間ができあがるため、3〜4人のファミリーでゆったりと過ごすのに適している。ドームテントに比べて、大きさ、価格、重量は増していき、設営難度も高くなるが、別途タープを張るなどの手間もなければ、配置で悩むこともない。慣れるほど快適さが増していくだろう。

形状違いのツールームテント

完成したときの形や使い方は同じだが、設営方法の違う「トンネル型」テントもドームテントの一種で、その多くは前室と寝室ができるツールームテントである。中には寝室が2〜3つできる大きなものもあるが、比較的ひとりでも設営しやすい傾向がある。

フロアレスシェルター

テントとしても使える
大きなリビングルーム

フロアレスの文字通り、床（グランドシートなど）のない、テント型のシェルターのこと。テントとして使うよりも、大勢が集まる外壁のあるタープのような使い方が一般的ではあったが、テントとしてももちろん使えるし、車いすでのエントリーも容易にできる。ドーム型に比べるとシンプルな構造で、携行時に軽量でコンパクトになるものが多い。一方、フロアがむき出しのため、雨天時は室内も濡れた状態となるし、すき間風や虫の侵入も防ぎきれないことも。

コットとの組み合わせが◎

フロアレスシェルターには、コット（P35）はマストアイテムと言っていいだろう。そのため、寝袋に入るまで靴を脱がずに過ごす、欧米の土足文化に近いスタイルとなる。夏場では大型のシェルター内に小型のインナーテントを入れて、蚊帳のようにして夜を過ごす。これを「カンガルースタイル」などと呼ぶ。

キャンプを快適にする道具たち

キャンプに使用するアイテムをひと通り紹介。
まずはどんなアウトドア道具があるのか知識として身につけよう。
そこから自分に必要な道具をチョイスして、
自分なりのキャンプセットを確立しよう。

くつろぐ

タープ

日射しや雨を
避ける屋根

テントと並べて設置するキャンプ用の屋根。タープの下にテーブル＆チェアを並べれば、専用のアウトドアリビングの完成だ（レイアウトについてはP48を参照）。ポピュラーなのは、多角形の一枚布をポールで立てる「ヘキサタープ」。アレンジしやすく、ほかに比べてかさばらない。そのほか、独立した部屋がつくれる「シェルター」タイプや、メッシュ式小屋型の「スクリーン」タイプなどがある。大型のものは長期キャンプにおすすめだ。

ヘキサタープ

大きな一枚の幕を広げて、日避け雨避けの屋根をつくるタイプ。日射しは避けながら風を感じることができるので夏でも涼しく過ごせるし、景観だって楽しめて実に開放的。ウイングタープやレクタングラーなど、形状によって名前が変わる。

スクリーンタイプ

ドームテントのような構造で、天井も高く広い室内空間が魅力。側面がメッシュになっており、虫を遮断してくれるのもうれしい。ただし収納サイズも大きく、設営も手間。フロアレスシェルター（P29）と同じような使い方となる。

あると便利

ペグハンマー

ヘキサタープでは、張り綱（細いロープ）を使ってポールを立てる（P54）。張り綱を地面に固定するペグを打つには、ハンマーがあるとよい。ペグを引き抜く撤収の際も、ハンマーを使えば手で抜くよりも非常に抜きやすくなる。

テーブル・チェア

アウトドアリビングの中心的存在

食事の時間、くつろぎの時間……人が集まる場所として空間の中心部となるのがテーブルまわりだ。キャンプ用には折りたたみタイプを。構造はシンプルなもののほうが使いやすい。大きなスペースを占めるので、気に入ったものを選びたい。チェアには、深く腰掛けられ、ゆったりとくつろげるタイプも多くあるが、このタイプだと食事はしにくく、どれを選ぶかは悩ましいところ。テーブル＆チェアの組み合わせは、高さに応じて決める。低くなるほど荷物はコンパクトになる。

ハイスタイル

ロースタイル

地べたスタイル

ベンチ

ゲスト用に、ものの置き場に便利

各自用のチェアのほかに、ワンアクションで展開できる折りたたみの軽量ベンチがあると、さっと移動させて焚き火を囲んだり、荷物を置いたり、ゲストを招いたり、なにかと重宝する。ロースタイルとの相性も抜群。

シェルフ

ものの置き場に便利

いざ、設営を終えてくつろいだり調理がはじまると、テーブル以外にものを置く場所がないので、途端にものがごちゃつくのがキャンプ。頻繁に使うものを取り出しやすい位置に置けるシェルフがあると、周辺もすっきりできるし探しもので時間を取られることもなくなる。

コンテナ

ものの整理と運搬に便利

同じ形状のコンテナを用意してジャンルごとに収納しておくと、キャンプ道具の整理や持ち運びの際に重宝する。また、コンテナ自体をテーブルやシェルフ代わりに使うことができれば、展開する道具を少なくすることも可能だ。自宅で保管する際もそのまま利用できる。

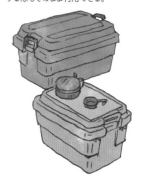

調理する・食べる

バーナー

**野外でも自宅と変わらぬ
パフォーマンス**

微妙な火加減も調整できるのが、アウトドア用バーナーのいいところ。オートキャンプでは、2口コンロのツーバーナー（右図）が主流で、燃料にはガスとガソリンがあり、ガスのほうが扱いやすい。テーブル上でも使えるシングルバーナー（左図）はガス式が主流で（ガソリン式もあるが）、一体型と分離型の2タイプがある。

← 燃料を統一しよう

ガス燃料にはカセットガス缶（CB缶）とアウトドア缶（OD缶）がある。CB缶はコンビニなどでも入手できるメリットがあり、OD缶には寒さに対応したタイプがあるなどのメリットがある。どちらを選ぶにしても、ランタンとバーナーとで同じ燃料に統一するといいだろう。

クーラーボックス

テントサイトの冷蔵庫

1〜2泊のキャンプには50ℓ前後のハードタイプ（上図）＋収納性に優れたソフトタイプ（下図）を用意しておくと使いやすい。ハードタイプにはよく出し入れをするドリンク類を、ソフトタイプには食材など密閉しておきたいものを入れるなど、使い分けるとよい。小さなソフトタイプであれば、ハードタイプの中に入れてさらに保冷力を高めることができる。どちらも保冷剤や氷を入れて使う。

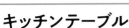

キッチンテーブル

料理好きなら絶対欲しい!

ツーバーナーを使って本格的に料理をする人には、あるとうれしいキッチンテーブル。折りたたみの作業台で、鍋や食器を置けるラックなどがついている。ステンレスなど金属製のものが、熱に強く、清潔を保ちやすい。周囲に、ツーバーナーやウォータータンク、クーラーボックス、ゴミ箱などを上手に配置し、使いやすいキッチンをつくろう。

ウォータータンク

テントサイトにも
炊事場をつくれる

キャンプ場には炊事場があるが、テントサイトにも水場をつくれば、料理やお茶を入れるときなどに便利だ。蛇口つきのタンク（ウォータージャグともいう）に水を溜め、使いやすい高さのスタンドに設置すれば、専用の水場ができあがる。設置用ならハードタイプ、収納性ならソフトタイプが適している。

クッカー（鍋）

人数、調理スタイルに合わせて用意

ステンレス、アルミ、ホウロウなどの素材、サイズも各種ある。大小の鍋とフライパンがセットになったものならスタッキング（積み重ね）できるので収納しやすい。4人家族ならステンレス鍋2個＋フライパンのセットを基本に、必要なものを加えていくとよいだろう。焚き火料理にはダッチオーブン（P85）が向く。

食器

割れない素材を選ぼう

紙やアルミの使い捨て皿もあるが、ゴミが増えるばかりなのでキャンプ用の食器を用意するとよい。アウトドアグッズである必要はなく、好きなものを選べばよいが重ねて収納できる、割れない、洗いやすい素材のものが使いやすい。木の食器などもキャンプとの相性がよく、おすすめだ。

あると便利

シェラカップ

昔からあるアウトドア用食器の定番。無骨なデザインで、積み重ねできる形状と、火にもかけられる頑丈さが特徴。取り皿として使ったり、1人前のコーヒーを入れるのに使ったりと使い勝手がいい。

カトラリー（箸など）

ゴミを減らすならここから

食器同様、専用を用意して割り箸から卒業しよう。食器に合わせて好きなものを選ぶとよい。箸、スプーン、フォークが人数分あればよいが、迷子になりやすいので予備もあれば安心だ。個人用のほか、調理に使う菜箸やおたま、ヘラなどの用意も忘れずに。登山用に携帯しやすい折りたたみのものもある。

包丁、まな板

キャンプ用がおすすめ

普段使い慣れている自宅のものでもOKだが、余裕があればキャンプに特化した道具を揃えたい。なぜなら、キャンプでは持ち運ぶことを前提としているため、包丁なら専用のケースが付属していたり、まな板なら折り畳みができるなど工夫が凝らされているからだ。

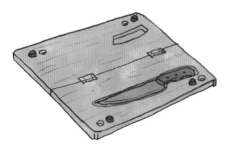

火を燃やす

焚き火台

焚き火をするなら
欠かせない

近年は地面で直接火を焚くことを禁止している場所が多いので、焚き火には専用の台を使うのが一般的。金属の箱の中で薪を燃やすので、地面へのダメージを軽減できるし、網などを乗せやすいメリットがある。素材や形状、サイズなどにいくつかのタイプがあり、焼き網や鍋などの組み合わせ方にも特徴があり、価格も幅広い。「ただ火を眺めるのが好き」「がっつり料理もしたい」「車が小さいのでコンパクトなものを」などなど、自分の焚き火スタイルに合わせて選ぶとよい（P81）。

バーベキューグリル

焚き火台と
兼用しても

キャンプといえばバーベキュー派！なら、ぜひとも欲しいのがコレ。角形、丸形、折りたたみ式、ふたつきなどいろいろなタイプがある。キャンプには持ち運びしやすいタイプのものが向く。

キャンプナイフ

キャンプでこそ使いたい

薪を割るときのほか、採集した枝などを焚き木に加工する際などさまざまな場面で活躍するナイフ。扱いや持ち運び、保管方法など（P139）には注意が必要だが、焚き火をする機会にぜひ使い慣れておきたい道具だ。

ランタン

LEDランタンが便利

ガスやガソリンなど燃料の種類によってタイプは異なるが、テント内でも安心して使えるLEDランタンが主流。昔に比べ光量も十分にあり、1泊2日のキャンプであれば十分にバッテリーも保つようになった。ランタンポールやハンガーなどと併用したい。

シュラフ（寝袋）

布団代わりの
寝袋の形は2種類

キャンプの寝具、シュラフは、体の形のようなマミー型（上図）と布団をたたんだような封筒型（下図）の2タイプが主流。中綿は、ダウンと化繊綿の2タイプがある。キャンプではゆったり眠れる封筒型を選ぶ人が多いが、さまざまなシーンで活用されているマミー型のほうが、素材や適応温度などの違いで多くの種類がある。コンパクトさ、暖かさを重視するならダウンがおすすめだ。ダウン素材は濡れると重さで膨らみが萎んでしまい保温力が低下してしまう。テント内側の結露に触れないように注意が必要だ。

マット

地面からの冷気を
シャットアウト

テントの床は薄いシート1枚のみ。直接寝るのでは、地面の冷気で冷えるし、デコボコが背中を刺激する。マットは安眠のための必需品だ。大きく分けると、ウレタンなどクローズドセル（上図）、空気を入れるインフレータブル（下図）の2タイプ。車で行くキャンプなら、収納サイズは大きいが、使用場面を選ばず手軽に使えるクローズドセルが便利だ。

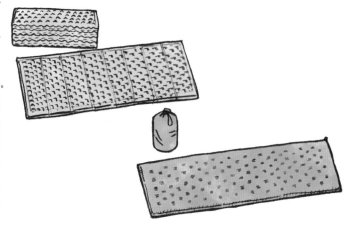

コット

ラグジュアリーな野外用ベッド

ベンチによく似ているが、サイズが大きいコットは、折りたたみ式の野外用ベッド。大型テントなら、中に入れてベッドとして使うのもよし、テントサイトに置いてベンチ代わりに座るのもよし。気候のよい季節なら、タープの下にコットを置いて眠るなんていうのも気持ちいい。

もしものときに役立つ道具

キャンプの道具は非常時の備えとしても役立つ。
特に防災グッズとして備えておきたい道具を厳選して紹介。
これらを参考にしながら、
自分なりの防災グッズを選んでみよう。

キャンプ道具や知識は「自助」として機能する

　地震や豪雨などの災害がより身近に感じることになった昨今。国や自治体による「公助」のほか、「自助」や「共助」の対策が見直されている。自分や家族を守ることのできる自助努力として、キャンプ道具を備えておくことはとても理にかなっている。災害グッズを用意していても、押し入れにしまっているだけといういう人も多いのではないだろうか。普段のキャンプから使い慣れておくことで、いざというときにも安全に安心して使いこなすことができるはず。公助に依存しすぎることなく避難生活を送ることができれば、公助が必要な人を助けることにもつながるし、周囲の人を手助けすることもできる。自助を確保できるキャンパーこそ、率先して共助を広げられるのだ。家族と話し合いながら、自分たちにどんな道具が必要かキャンプで見極めてみよう。

避難生活で役立つキャンプ道具

飲み水の確保が最優先

災害時は水道が使えなくなることがあるため、飲み水の確保が難しくなる。浄水器があれば雨水などでも飲み水に換えることができるため、備えておきたい。広口のボトルは湯たんぽとしても使える。

温かい飲み物を確保する

確保した飲み水に不安があっても、煮沸することができれば安心。手軽に使えるガスバーナーと合わせて、簡易の焚き火台となるウッドストーブを備えておけば、ガス燃料が切れても焚き木を集めて火をおこせる。

電力を自給自足する

20ページでも紹介したポータブル電源とソーラーパネル。停電時の灯りを確保したり、スマートフォンでの情報収集を可能にしてくれる。また、夜間作業や移動時にヘッドライトがあると便利。

体温を確保する道具

生命維持のために失ってはならないものが体温。就寝時の暖を取れるように、シュラフやマットがあればしっかりと休息をとることができるだろう。反射材を使用したエマージェンシーブランケットなどでも代用できる。

自分たち用にカスタマイズする

救急セットは購入しておくだけでなく、自分たち用にカスタマイズしよう。大切なのはライフラインが断たれた状況を想定しながら、どのような備えが必要になるか、家族で話し合ってみることだ。

災害時をイメージして
キャンプの時間で
避難訓練してみよう！

気候やキャンプ地を考慮した
ウェアの選び方

服装も大事なキャンプ道具のひとつ。
オールシーズン楽しめるキャンプでは、
行く場所・季節に応じた服装の準備も大切である。

夏季の服装

肌の露出は
極力避けたい

避暑地ともいえるキャンプ場でも、日射しや気温は厳しいのが昨今の日本の夏。半袖短パンと開放的に過ごしたいところだが、常に屋外にいるキャンプでは、日焼けや虫さされなど肌を露出していると受けるダメージも多くなる。速乾性もあり、涼感素材など機能性の高い服装を選択肢に入れておこう。

半袖短パンで
過ごす場合

よほど暑い日ならば、いさぎよくTシャツ+短パンで過ごしてもいいだろう。ただし、調理や焚き火をするときはくれぐれもヤケドに注意すること。

冷却タオル

日射しが強く暑いときには濡らしたタオルや手ぬぐいで首元を冷やすといい。専用の冷却タオルがあればなおよし。こまめな水分補給も心がけること。

夜はアウター

高原のキャンプ場など標高の高い場所だと、真夏でも夜は気温が下がるので、フリースなど暖かいアウターを1枚、用意しておこう。

サンダル

キャンプ場の地面は石や木の根があったり、荷物を持って斜面を歩くこともある。足にフィットする形で、指がむき出しにならないタイプが向く。

ニット帽

冬の定番ニットキャップは、耳を覆うことができるタイプがおすすめだ。防風性の高い目の詰まったタイプが暖かい。

マフラーやネックウォーマー

寒いとき、首元を温めるのはかなり有効。アウトドア用には首元まで覆えるウェアも多いので、そちらを着用してもいい。

グローブ

寒さ対策のコツは末端の防寒。グローブで手首まで覆いつつ、作業がしやすいよう指先が出ていると便利だ。

ブーツ

特に女性は足下が冷えるので、防寒ブーツがあると心強い。足用の使い捨てカイロを使うのもいいだろう。霜の降りた朝や、雨天時にも有効。

目指すは万全の防寒対策

冬のキャンプ地は想像以上に寒いもの。ふだんより5〜10°気温が低いので、できる限りの防寒対策が必要だ。インナーは機能性の高いもの、アウターにはフリースやダウンなど、重ね着しやすいものを気温に応じて身につけよう。帽子やグローブなど小物類も活用したい。化繊素材のアウターやダウンジャケットは火の粉に弱いので、焚き火を囲むときは厚手のコットン生地がおすすめ。

軍手の落とし穴

野外活動の必需品と思われがちな軍手。しかし軍手は繊維の隙間も粗いので細い木の枝も刺さるし、熱湯がかかってもすぐに浸水して大ヤケドになる。焚き火では軍手自体が燃えたりと、グローブに比べて危険なことが多い。

カイロを活用する

アナログ的な防寒対策だが、健在なのがカイロ。安価なため、家族やグループキャンプで仲間に配ればコスパよく温まれる。低温やけどのおそれがあるため、インナーなどに貼るタイプがおすすめ。その際は、首や足首など「首」のつく部位や腰の位置などに貼ると効果的だ。冬場は地面の冷たさが体を底冷えさせるので、靴下用カイロなども併用しよう。

アウトドアでの服装術

空調の利いた室内と違って、野外は気温の変化が激しい。
アウトドアウェアの機能を上手に組み合わせて、
快適に過ごすための工夫をしてみよう。

レイヤードの基本

### ベースレイヤー	### ミッドレイヤー	### アウター

**速乾性の高い素材と
肌触りのよいものを**

夏の場合、いちばん下に着るベースレイヤーは、TシャツでOKだが、アウトドア用の化繊タイプのほうが汗の乾きがよい。冬は保温力の高い機能性ウェア（吸湿発熱ウェア）もよいが、薄手のウールの長袖Tシャツが暖かく、汗冷えもしにくいのでおすすめだ。汗をかくが気温は低いという場所では、汗冷えしやすいコットン製は向かない。

**冬には空気を溜め込む
ダウンやフリースを**

ミッドレイヤーの役割は、保温。特に冬には体温で暖めた空気を溜められるダウンやフリースなどフワフワしたものを選ぶといい。これらの素材は防風性がないので、ここにアウターを重ねることで、体を暖かく保つのがレイヤードの考え方だ。春、秋は、ベースレイヤーに保温着としてミッドレイヤーを1枚羽織るだけでもいい。

**風や雨を避ける機能が
あるものがベター**

重ね着のいちばん上に着るアウターは、夏なら薄手のウインドシェルやフリース、冬は体温を奪われないよう防風性の高いフリースや、ダウンジャケットなどがおすすめ。寒いからといって、あまり厚手のものを着ると「着ると暑いが脱ぐと寒い」となってしまうので、薄手のものを何枚も重ねるイメージで、アウターも厚すぎないものを選ぶ。

暑さ・寒さは重ね着で調節

　寒いと思ったけど動いたら汗をかいた、日中は暑いが日が暮れると冷え込むなど、一日のうちでの温度差に対応するためにも、野外でのウェアリングは、レイヤード（重ね着）が基本。暑くなったら脱ぐ、寒くなったら着ることを心がけることで、冷えによる体調不良や暑さによる熱中症を避けることができる。夏はベースレイヤー1枚に薄手のアウターを用意。冬はフリースやダウンなど保温性のあるものを着て、さらに防風性のあるアウターで暖かさを逃がさない重ね着をするとよい。機能性インナーや、靴下なども季節に応じて選ぼう。

機能性ウェアを活用しよう

防水透湿素材って?

防水性の高い素材は水を通さないぶん、ウェアとして着用していると蒸れて不快に。そこでアウトドア用のレインウェアなどで採用されているのが防水透湿素材。外からの水は防ぎ、内部の湿気を放出してくれる。

レインウェア

アウトドアへ出かけるなら必ず持参すること

雨が降ったからといって、一日中テントの中で過ごすのでは、せっかくの休日が台無しだ。レインウェアがあれば撤収時にも役立つし、野外活動もできる。いわゆるビニールがっぱは、着ているうちに内部が蒸れやすいので、雨の日でも活動的に動く人は防水透湿素材のタイプを選ぼう。素材を問わずレインウェアには、防風性もあるのでアウターとしても使える。

ポリコットンって?

ポリエステルとコットンを混紡した素材で、軽さと丈夫さと両方のいいとこどりをした素材。混紡比率でさまざま種類があるが、焚き火に強い特徴を活かしてテント素材としても人気。

焚き火ウェア

焚き火には自然素材のウェアがいい

機能性のあるアウターは火の粉に弱く、すぐに穴が空いてしまう。ダウンジャケットに穴が空くと、中綿が飛び出してしまい修復は困難だ。何より高価なものなので絶対に避けたいところ。存分に焚き火を楽しむなら、コットンやウールなど古くから使われている自然素材のウェアが有効。煙の臭いもつきやすいので、焚き火用のウェアを用意しよう。

ダウンジャケット

冬の必需品。薄手のものなら夏でも使える

冬のあったかウェアといえば、やっぱりダウンジャケット。ダウンが暖かい空気を内部に溜めてくれるのが暖かさの秘密だ。外側に防風性のないタイプでは、冷たい風に吹かれるとせっかくの暖かい空気が失われてしまうので、アウターと重ね着するといい。水に濡れると保温性が失われるので、急な雨などには注意!

ウール

寒暖差の激しい環境で使いたい

ウール素材のウェアの特徴は、吸湿、吸水性が高いこと。その上通気性もいいので、汗をかいてもサラッとした肌触り。また、毛のすき間に空気層ができるため、保温力や断熱力が高いのも特徴。このため、夏場でも冬場でも活躍してくれるキャンプに適した素材なのだ。臭いもつきにくいので、数日のキャンプなら1着で十分となる。

火を扱うことの多いキャンプでは袖口が燃えたり、火の粉で穴が空くことがあるので注意!

荷物の積み込みはパズルだ

何事もコンパクトな時代だからこそ、
工夫とアイディアが欠かせない。
限られた荷室を最大限に活用する積載術を紹介しよう。

正解がないので工夫することが必要

　キャンプに向けての最終準備となる車への荷物の積み込み。車種によってラゲッジスペースもさまざまあり、持っている道具や人数でも変わるため、これといって正解は出しにくい。与えられた条件下で、パズルや落ち物ゲームのように配置を工夫することが大切だ。まずは車のラゲッジのサイズに合ったコンテナを購入するといいだろう。コンテナのすき間や上段にどんな荷物が載せられるか、検討する順番が決められる。

Point

積載時のポイント

● **走行中の安全を重視する**

荷物の積み過ぎで後方視界がとれないようなことは避けたい。また、カーブの度に荷物が動いてしまうと運転に集中できなくなってしまう。

● **使う順番を考慮する**

キャンプ場への道中、着いた直後などに使うものを優先的に取り出しやすい位置に配置するなど、自らの予定と行動から逆算しておこう。

● **必要な道具に絞り込む**

積載以前に、今回のキャンプで不要な道具がないかチェック。"あると便利"では自宅と変わらない。本当に必要そうなものを選び抜く目を養おう。

積載のコツ

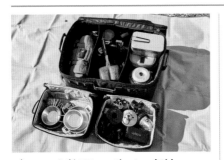

ジャンルを整理してボックス収納

キッチンツールやコーヒーセットなど、自分なりの道具のジャンルを決めたら、それぞれにまとめておくと使いやすい。忘れ物も少なくなるはずだ。

音が鳴るものや割れものはホールド

運転中に荷室からカチャカチャ音がするのは気になるもの。ランタン（燃料は抜いておこう）など音が鳴ったり衝撃に弱いものは、間に布などを挟んでしっかりと固定する。

クーラーボックスは手前に置く

買い出し後にすぐに食材や飲料をしまえるように、クーラーボックスは取り出しやすい位置に置くこと。すべりやすいテーブルの上に置けばより使いやすい。

ペグは取り出しやすい位置に

設営をするために使用するペグやハンマーも手前に置いておく。現地に着いてすぐ使うものほど手前に置いて、シュラフやマットなどは奥に収納しよう。

ボックス整理が最適解じゃないことも

きれいに積んでいったとしても、必ずすき間はできる。細かい荷物を全てボックスに収納すると、小さいすき間を活用できなくなることもしばしば。寝袋や衣類など柔らかいものは、あえてひとまとめにせず、すき間に突っ込むことですき間を有効活用できる。

薄型の道具は縦に積み込む

折りたたみテーブルやチェアなど薄くなる道具は、縦方向に積み込むことで、小さいすき間を有効活用できる。仕切りのような役割もしてくれるので、荷崩れを防いでくれることも。ただし、あまりギュウギュウに積むと破損の恐れもあるので注意。

庭やベランダでの模擬キャンプ

　22ページにてキャンプのはじめ方を提案しているが、もっと身近な庭やベランダでもキャンプの擬似体験は可能だ。テントやタープなどを張るスペースがあれば試し張りしてみることで、サイズ感を把握することができる。不慣れなガス器具で煮炊きをしてみてもいいし、クーラーボックスの保冷力を試すのもいいだろう。もてる環境で可能な限りテストしておくことで、起こり得るトラブルや不具合を事前に把握できると、実際にキャンプに臨んだ際に心に余裕がもてるだろう。

　何より、天気のいい日にキャンプ用の火器や調理器具を使って外で食事をするだけでも、ちょっとした非日常を感じられてごはんもおいしくなるはずだ。

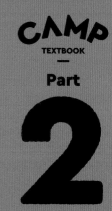

住空間をつくろう

キャンプ場に着いたら、
まずはテントやタープなどを展開し、住空間をつくろう。
持ち込んだ道具をやみくもに展開するのはNG。
効率のよい設営手順を理解したうえで、
快適で機能的な住空間を設営しよう。
雨や風などの天気、暑さや寒さといった
温度差への対応法も解説する。

フリーサイトのススメ

キャンプ場にあるテントサイトは、大きく分けて2種類。
テントやタープを自由に展開できるフリーサイトと、
限られたスペースを割り当てられる区画サイトがある。
ここでは、フリーサイトをおすすめする理由と、
快適なサイトの選び方を紹介する。

早い者勝ちが
サイト選びの鉄則！

おすすめは
断然フリーサイト

「サイト」とは、テントやタープを張って食事や宿泊をする、キャンプにおける拠点のこと。与えられるスペースや料金はキャンプ場によってさまざまだ。区画サイトとは、建売住宅のように区画が決められ、スペースが限られている。しばしば狭く感じることもあるが、混雑期には予約をしておけば、確実にスペースが確保される。

一方フリーサイトは、広大なスペースに各々が自由にサイトをつくることができる。早い者勝ちなので、到着時間によっては自由なスペースがあるとは限らない。とはいえ、本書では断然フリーサイトをおすすめしたい。キャンプに来ているのだから、制限のない自由な空間を楽しんでほしいからだ。場所の予約ができない不安はあるが、混雑期を避けたり、早朝に出発したりすれば解決できる。

絶対に避けたい場所とは

フリーサイトでは、自分たちでその日の宿泊場所を決めることになる。キャンプとは自然を相手にすることでもあるため、キャンプ場だからといって必ずしも安全ということはなく、フィールドの状態をよく観察して、その日の天候を確認して、「快適に」そして「安全に」過ごすことができるか見極める目を養おう。木の周辺でテントを張るなら、上部の枝葉が枯れていないか、落ちてこないかなどを確認しよう。

枝が落ちて
きただけで
テントは破けてしまう

周囲と協調するための
マナーとコミュニケーション

区画サイトでは隣のサイトとの境界線が明確なため、トラブルや干渉は少ないかもしれない。しかし、フリーサイトの場合は、周囲の人々との境界が一定ではないので、思わぬトラブルが起こるかもしれない。時には隣のペグとロープが邪魔になったり、音楽やペットが気になることもあるだろう。逆に、思わぬことで隣人に不快な思いをさせていることがあるかもしれない。キャンプでは誰しもが自由を楽しみに来ている。お互いが気持ちよく過ごすために、最低限のマナーはもちろん、双方が不快にならない範囲でコミュニケーションをとっていこう。仲間とだけではなく、周囲との協調を心がけるのもキャンプである。

快適に過ごすためのサイト選びの基準

拠り所となる
木のある場所を選ぶ

日射しや風から守ってくれたり、枝にランタンを吊るせたりと、木の下でサイトをつくると何かと便利。特に夏場はタープを張っても暑いので、木陰があるとずいぶん涼しく感じられる。ただし、木の下は雨風でしずくなどの音がうるさく、鳥のフンや樹液でテントが汚れるなどデメリットも。また、倒木にも注意。

立ってみて
気持ちのいい場所を選ぶ

判断基準はさまざまあるが、何も合理的なものばかりではない。むしろ大事にしてほしいのが、自分の「感覚」である。立ってみて、座ってみて、寝そべってみて、そこからの眺めはどうか、陽の入り方や風の抜け方はどうかを実際に確かめてほしい。目や耳、肌で感じる気持ちのいい場所を選ぼう。不正解はないので、感覚を研ぎ澄まそう。

基本は
早い者勝ち

フリーサイトは基本的に早い者勝ち。快適な場所ほど先に埋まってしまうため、キャンプ場のチェックイン時間を確認し、なるべく早い時間帯に到着するようにしたい。当日割り振られる区画サイトでも、早く着くほど選択肢が広がる。人気のキャンプ場では、過ごしやすさや写真の絶景ポイントなども決まっているが、どこでも楽しめる気持ちも大切だ。

施設に近すぎる
場所は避けたい

トイレや炊事場が近いと便利ではあるが、共有スペースなので皆が集まる場所でもある。自分たちのサイト付近を多くの利用者が行き来するので、のんびり過ごそうにもどこか落ち着かなくなる。利用者の動線から外れた、遠すぎず近すぎない、ほどよい距離を保てる場所を選びたい。

雨が溜まりそうな場所は
避ける

晴れているときには気にならなくても、選んだ場所によっては雨が降ったときに水たまりができてしまうこともある。フリーサイト全体を見渡して低地になっていないか、水の通り道などがないかを確認し、そうした場所は避けるようにしよう。フィールドでの経験が増えていくと、自ずと雨の通り道などがわかるようになってくる。

地面が凸凹している場所は
避ける

石がゴロゴロと転がっている場所では、設営もしづらく、子どもが転んだりしてしまう。また、傾斜のある場所ではテーブルやチェアなども斜めになるし、寝心地もよくない。なるべく平坦な場所を選ぼう。特に河原のフリーサイトでは、石が少なく平坦な場所は少ないので、早めにチェックインしたい。

テントサイトのレイアウト考

テントサイトを展開する場所が決まったら、
次に考えるべきは道具をどのように
配置するかだ。住宅のレイアウトのように、サイト内で人が暮らすことを考え、
人が物にアクセスする経路「動線」を意識するのがポイント。

タープ下は"リビング"である

タープの下がテントサイトのリビングであり、生活の中心となる。一番長い時間留まる場所にもなるので、くつろげるスペースにすることが重要だ。全体のレイアウトは、タープを中心に考えて、車やキッチン、テントを配置しよう。それぞれへのアクセスしやすさを考えて、タープを張る位置や角度は風向きや日射しを考慮する必要がある（P54）。

テントとタープは連結できる距離に

テントの出入り口をタープに向けておけば、リビングスペースから寝室であるテントへの行き来がしやすくなる。テントの前室部分は荷物を置いておくスペースとしても使える。また、テントの前室部分がタープと重なるように配置しておくと、屋根が延長され、急な雨でも濡れることなくリビングからテント内に出入りすることができる。

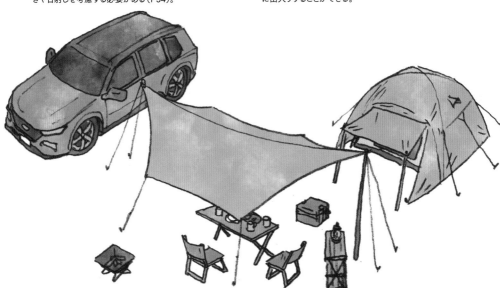

車は積み下ろしの しやすい配置を心がける

荷物は、車からすべてを下ろす必要はない。使用頻度が低いものは車に積み込んだままにすることもあるだろう。そんなときは、後方のトランクや、ラゲッジスペースがサイトの中心に向いていると、道具が必要になったときにアクセスしやすい。これは撤収時も同様。収納状態にした荷物をスムーズに積み込むことができる。また、風除けや周囲のキャンパーからの視界を遮るような置き方にすることもできる。

火を扱うキッチンは 少し離れて配置

キッチンテーブルを持ち込む場合は、立って調理することになるため、リビングスペースに近すぎると作業がしにくい。住宅と同じように、調理する場所と食べる場所とは距離があったほうがよい。また、焚き火や炭火で調理をする場合、タープ内に煙が入ったり、火の粉でタープの幕体部分に穴を空けてしまうこともある。リビングスペースより風下に配置するよう心がけよう。

テントサイトのレイアウト例

フリーサイトの場合

テントとタープが連結しており、その対角線上にキッチンが置かれている。炎を扱う焚き火台は、煙や火の粉を考慮して、やや離れた位置に置いている。この場合、車はタープポールを挟んだテントの反対側に配置すると動線がスムーズ。

車の場所は最後に確定

テントやタープと違って、車は設営後でも動かせる。すべての位置が確定した段階で、使い勝手のいい位置に車を移動させよう。

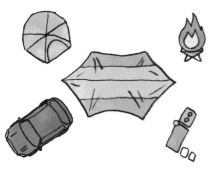

区画サイトの場合

キャンプ場によってスペースが定められており、多くは他のキャンパーと隣接するのでレイアウトの選択肢はやや狭まる。所有しているテントやタープ、車のサイズのこと、隣接するキャンパーとリビングスペースの距離感などを考慮しよう。

区画のサイズはさまざま

狭いところでは5〜8㎡くらい、平均だと10㎡くらいが区画サイトの広さだろう。テントとタープを張って車を置いたら、ギュウギュウになってしまう。効率的な配置を目指そう。

機能的なキッチンのレイアウト

キッチンの配置も、人の動きを考慮したい。調理をする際の人の動きとは、①食材を取り出して洗う、②食材を切る、③火にかける、だろう。クーラーボックスとウォータージャグを近くに置き、順にまな板を置く調理台、バーナーと配置しよう。

ゴミ袋の位置も考えておく

調理台近くにゴミ箱なりゴミ袋があれば、作業もより効率的になる。キャンプ場のルールに合わせて分別方法も考える。ゴミ袋だと美観を損なうので、できればゴミ箱を揃えたい。

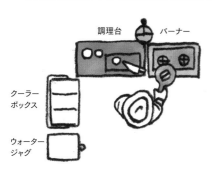

調理台　　バーナー

クーラーボックス

ウォータージャグ

テント内は川の字に

夜中にトイレで目を覚ましたとき、顔の近くでゴソゴソするのは寝ているほうにとっては煩わしい。テント内では出入り口側に足を向けて川の字で寝るといいだろう。また、携帯電話やヘッドライトなどは決まった場所に置いておくと失わない。

ジッパーの位置もルール化

出入り口のジッパーの位置も、「常に上で締める」など、メンバー内でルールをつくっておくと、わざわざライトをつけなくても手探りで開けやすい。

テントサイトをつくろう

やみくもに道具を置くだけでは、
作業の邪魔になったり、
配置のしなおしになったりすることも。
ここでは無駄なく効率的に作業を行うための
手順を紹介しよう。

① サイトの整地をする

テントサイトには石や枝などが落ちている。まずは余計なものを排除しておこう。特にテントを張る場所では入念に。ちょっとした石でも寝心地は悪くなる。

子どもにとっては設営も遊び

簡単な荷物運びや、水くみ、薪拾いなど、サイトの設営は、子どもたちと一緒に取り組もう。

② タープとテントを張る

まずはタープを張る。タープは実際の幕体の大きさ以上にロープとペグが外側に張り出すことになる。自分のタープのスペース感をつかんでおこう。次にテントだ。

テントは移動が可能

自立式テントはペグで固定する前なら移動が可能。最適な場所を見つけてから完成させよう。

③ テント内に入れる道具を持ち込む

シュラフやマット、着替えなどテント内で使用する道具を運び込んでおく。ダウン素材のシュラフは圧縮袋から出しておくと、羽毛が広がり自然に膨らむ。自動膨張するインフレータブルマット（P35）も同じく広げておこう。ただし、夜露が降りている、湿度が高い、などの状況ではシュラフが湿ってしまうので、寝る直前に広げるのがよい。

④ リビングスペースをつくる

タープ下にテーブルやチェアを置き、くつろぐ空間をつくる。これでリビングを中心としたサイトの基本配置が完了。テントやキッチンなどにアクセスしやすいか、動線を確認してみよう。動線上にロープなどがある場合は、足を引っ掛けて転ばないように目印をつけるなどしておく。

⑤ キッチンと焚き火スペースを展開

風向きを確認し、タープの風下側にキッチンを展開。同じく焚き火台を配置。キッチンに立ったとき、焚き火台が視界に入るような場所に置くことで、焚き火や炭火で料理をする際に、吹きこぼれなどを確認しやすい。

⑥ 明るいうちに準備するもの

ヘッドライトやランタンは明るいうちに使用テスト。故障していたり充電がなかったりしても、暗くなってから気づいては手遅れになってしまう。オイルやガソリンなどの液体燃料のランタンの場合は、残量のチェックも抜かりなく。

テント設営（吊り下げ式）の基本と結露の防ぎ方

① レジャーシートを敷く

グランドシートの下にレジャーシートを敷くと、朝方の結露を防ぐことができる。テントの底のかわりに、シートが濡れるので、すみやかに撤収できる。段ボールを挟めば断熱効果も。

② インナーテントを吊り下げる

ポールを組んでグランドシートに固定したら、ドーム型の骨組みが完成。ポール部分にインナーテントを吊り下げる。まずは頂点から吊り下げ、端までフックで固定していく。

③ フライシートを被せる

前室部分にスペースをつくるためのサブポールを固定したら、全体を覆うようにフライシートを被せる。フライシートをポール、グランドシートと固定し、テントの張りを調節する。

④ 場所を決めて前室をつくる

テントを置く場所を確定させたら、ペグ（P56）で固定していく。付属のサブポールを使って、フラップと呼ばれる入口側の幕体を立ち上げて、テントの前室空間をつくる。

スムーズに設営するコツ

ロープを延長してタープを木に直接結んでしまおう！

まずは展開するものをシートに並べよう

車に積み込んだ荷物は、実際に使用するものをセレクトしながら一度シートの上に並べてみる。道具を一覧することで以降の設営をスムーズに行える。忘れ物があっても落ち着いて、その道具がなくてもできることを考えよう。天候が悪いときはシートの半分に荷物を置き、もう半分を荷物にかぶせることで急な雨にも対応できる。

環境を活かして設営しよう

テントサイト周辺の地形や木など、環境にあるものを活用して設営ができるとスムーズ。たとえば枝を使ってタープが張れると、ポールとペグがその分不要だし、ロープに足を引っ掛けにくく動線もスムーズになる。朝起きてから、寝袋や着替えを干すのにもちょうどいい。ただし、暗くなってからは見えにくいので、首に引っ掛けてしまわないよう注意しよう。

ソロキャンプのススメ

流行語にも選ばれたソロキャンプ。
これは一時のブームではなく、
キャンプのスタイルとして
確実に世の中に浸透した。

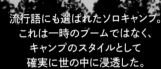

自由度の高さが
最大の魅力

　"ソロ"という名前が付いて、女性にまで広まったキャンプスタイルだが、昔からベテランたちはソロで楽しんでいた。誰かと予定を合わせることなく、思い立ったらキャンプに出かける自由度の高さが最大の魅力だ。もちろん、ソロであることにデメリットもあるが、経験値があれば対応はできるもの。キャンプ経験の乏しいビギナーがソロから始めると、キャンプ自体を楽しめない可能性もあるため、コツをおさえつつ経験を重ねていこう。

ソロキャンプのメリット

● 自分勝手で構わないから自由に過ごせる
● 人と予定を合わせる必要がない
● 1人分だから準備がラク
● キャンプスキルが向上する
● 自分自身と向き合う時間になる

ソロキャンプのデメリット

● 不意のトラブルもひとりで対処しなければならない
● 防犯上のリスクにさらされやすい

"ソログル"というスタイルも

ソロキャンパー同士がグループでキャンプをすると、デメリットは解消される。ソロと同様の装備やスキルが必要だが、非常時には助け合えるメリットがある。

ソロキャンプを
快適に過ごすコツ

徒歩キャンプも可能

ソロなら荷物を少なくできるから、リュックとソフトタイプのクーラーボックスでキャンプも可能。電車やバスで移動するから、好きなタイミングでお酒も楽しめる。

テントの前室を活用する

テントのなかでも、前室に広めのスペースを確保できるものがある。そのスペースで十分くつろげるようなら、タープを張らずにキャンプを楽しめる。

室内サイズは2人用を選ぶ

就寝時に展開した荷物を入れられると、盗難対策にもなるので、ソロキャンプでは、登山用のような1人分の就寝スペースしかないものは避けて、広めのテントを選ぼう。

安全に
気をつけるコツ

防犯グッズを携行しよう

サイトを離れる際、テントのジッパーに鍵をかける、自動で点灯するセンサーライトを置くなどで盗難対策を。安心につながるなら、防犯ブザーなどを持っておくといい。

ファミリーキャンプの近くで

サイトを選ぶ際に一声かけて、ファミリーキャンパーの隣のテントサイトを選ぶのも、安全への対策になる。周囲とのコミュニケーションは、ソロでも積極的にしておこう。

チェックイン時の確認

予約時やチェックイン時に、キャンプ場スタッフが夜も常駐しているかどうかを確認することも安全対策だ。不在になる場合の緊急連絡先なども控えておくように。

タープをシワなく美しく張る方法

皆の集まるリビングスペースをつくるタープは、
日射しをさえぎり、雨をしのいでくれる。
まさにテントサイトの中心。
タープをシワなく美しく、
かつ効率的に張る方法をマスターしよう。

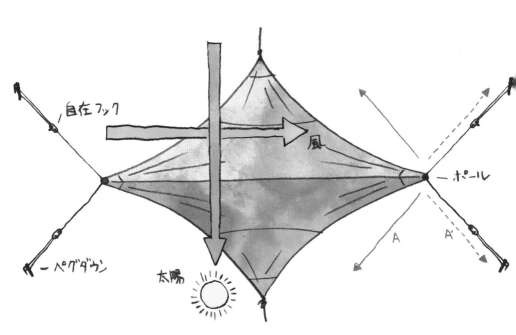

タープは太陽と
風向きを考慮して張る

　タープは左右に広がった幕体部分が日射し
を避ける役割をしてくれる。そのため、幕体
の真上を太陽が通過するように配置したい。
まずは太陽がどちらに沈んでいくかを確認し
ておこう。また、できれば太陽の動きに対し
て垂直に風が抜けるようにも配置したい。タ

ープの幕体部分で強い風を受けてしまうと、
ペグが抜けてポールが倒れてしまうこともあ
るからだ。ただし、強風時は向きにかかわら
ずタープをはやめに撤収しよう。

スペースを把握しよう

タープを張る際は、あらかじめ張りたい場所に幕体を広げる
のがポイント。こうすることで、ロープも含めたスペース感覚
を把握することができる。

ポールを立てる前にペグを打つ

1

メインロープの中間に写真のような輪っかをつくっておこう。これをメインポールに引っ掛けて固定することになる。

2

過ごしやすそうな平坦な場所を見つけ、タープを張りたい角度で地面に置きスペース感を確認する。

3

タープを広げ、メインロープを仮置きして、中心から45°の角度を目安にロープを置き、先にペグを打つ。

4

①でつくった輪とタープにポールを引っ掛けて、ロープの張力を利用してポールを立てる。

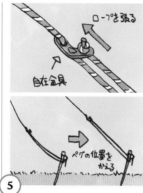

5

メインロープの自在フックを調整してタープをピンと張る。ロープの長さが足りない場合は、ペグの位置を調整。タープの端についているロープもペグで固定する。

6

ロープの張り具合を確認。左右の張り具合が同じくらいになっているのがバランスのいい状態だ。

Finish

すべての張り具合を確認したら完成。たるみのないように各ロープの張り具合を均一にすればより強力で、美しく張ることができる。

ランタンを固定する

ランタンハンガーやランタンスタンドがなくても、カラビナさえあればタープのメインロープにランタンを吊るすことも可能だ。

ペグの種類と正しいペグの打ち方

テントサイト設営の基本、
テントやタープをロープで地面に固定する「ペグ打ち(ペグダウン)」。
ここでは地面状態に応じたペグの選び方、
打ち方のコツを紹介しよう。

フィールドに合わせたペグを選ぶ

キャンプ場やテントサイトの場所、また前日の天候などによって地面の状態は変わってくる。ペグにはさまざまな種類があるので、タイプ別に揃えて使い分けるのが理想だ。

付属ペグの使い道

テントに付属されているプラスチックペグは、硬い地面には打ち込みにくく、硬いハンマーで叩くと割れてしまうこともある。一方で、柔らかい地面では抜けにくい性質が最適。付属品とはいえ、適性を考えて使うのがベスト。

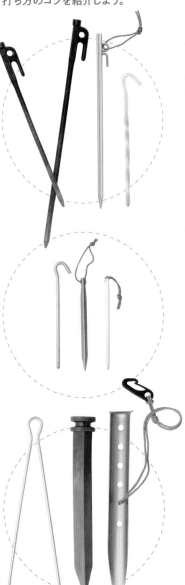

プラスチックのペグは
砂浜ではかなり有効

鉄・アルミ製ペグ

重量感もあり、長さもある硬い地面に適したペグ。専用のペグハンマーがあればさらに打ち込みやすい。砂地などの柔らかい地面では抜けやすくなるものの、どこでも使える万能タイプだ。写真右のねじりの入ったタイプはより強度が高い。

登山用ペグ

左からピンペグ、Vペグ、トライペグと、軽量かつコンパクトなタイプのペグ。主に登山用のテントを張る際に使用される。短い分強度が低いためタープのメインポールを支える場合などには不向き。

柔らかい地面向き

写真左のペグは、二股部分を強く握った状態で打ち込むことにより、広がる力を利用して強度を高めたエクスパンダーペグ。真ん中は設置面の多いプラスチック製のペグ。写真右は雪や砂地のためにつくられたペグで、ペグごと地中に埋める。

基本をおさえて、状況に応じて工夫する

テントやタープを設営するのに欠かせないペグは、簡単には抜けないように打ち込まなければならない。ロープがピンと張られた状態でペグが抜けると、ペグが飛んで顔などに当たる可能性もあり大変危険だ。ペグは地面に対して垂直で打つよりも、少し傾けて打つのが基本。垂直に打った場合、風などで引っ張られて抜けやすい角度に傾いてしまうことがある。また、地面の状況によってはペグが効かないこともある。その場の環境を利用して、臨機応変に対応しよう。

正しいペグの打ち方

強度を高める角度

ペグはロープに引っ張られるのと逆方向に60°ほど傾けて打つのがセオリー。これならロープが引っ張る方向に対して、ペグが抜ける方向が逆になる。とはいえ傾けすぎると打ちにくく、硬い地面の場合ペグが曲がってしまうことがある。

✖ 抜けやすい角度

ロープが引っ張る力に対して、ペグが同じ角度で入り込んでしまっている。これではペグが抜ける方向に引っ張られている状態になるので、強風が吹いたり足をひっかけたりしただけでも抜けてしまう可能性がある。

状況別ペグ打ちテクニック

地面がゆるい、風が強いとき

雨などで地面がぬかるみ、極端に柔らかいときもある。さらに硬い地面に適したペグしかない。そんなときはペグを2本クロスさせて強度アップ。1本をロープで固定して地中に埋めて、もう1本で固定してもいい。

地面が固い、ペグを忘れたとき①

地面が硬く、付属のペグでは打ち込めない。そんなときはテントサイトの近くにある木が役立つ（木の重要性は47ページ参照）。樹皮を保護するためにタオルや手ぬぐいを巻いて、ロープをくくりつけてしまおう。

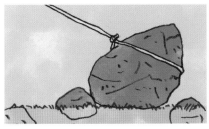

地面が固い、ペグを忘れたとき②

都合のいい場所に木があるわけではない。そんなときは周辺から重量のある石を集めてこよう。重たい石ならロープを巻き込むことでペグ代わりになる。

強度は微妙　風の強い日の大きなタープを支えるペグとしては心許ない。強風時に十分なペグダウンができない場合は、タープはあきらめたほうが賢明。

雨の中でもキャンプを楽しむ方法

自然環境の中で行うキャンプは、
当然ながらダイレクトに天気の影響を受ける。
大切なのは、無理をせず、非常事態時は迅速に対応すること。
しかし、悪天候下でのキャンプのノウハウを
覚えておけば、ある程度の雨ならば楽しむこともできるだろう。

大敵は強風、雨はなんとかなる

　多少の雨なら工夫でやり過ごすこともできる。たとえば、できるだけ雨に濡れないようにタープやテント、車のレイアウトをすれば、雨によるストレスを最小限にできる。

　川沿いのキャンプ場の場合は、現在地の雨だけではなく、上流での雨にも注意しなければならない。キャンプ場があるような川の上流では岩場が多く川幅が狭いので、短時間だとしても集中的な雨が降ると急激に水位があがり、下流もすぐに増水してしまう。天気予報のほか、キャンプ場や地域のアナウンスにも気を配り、警報や注意報などが出たらすみやかに避難すること。

強風の場合は中止を

キャンプでは、強風には特に警戒が必要だ。多少の雨ならしのぎ術はあるが、強風に見舞われてしまうとテントやタープは風を受けて破損してしまうこともある。事前の天気予報チェックは必須。目安になるのは5m/sまで。風速5m/sを超えるような場合は、タープは撤収したほうが安全。風速10m/s以上にもなると傘も壊れてしまうレベル。

風速の目安

風速	3m/s	顔に風を感じる。木の葉が動き、風見も動き出す。
風速	5m/s	木の葉や細かい小枝がたえず動く。軽く旗がなびく。
風速	10m/s	葉のある木がゆれはじめ、池や沼の水面に波頭が立つ。

雨天キャンプの5つのポイント

1 雨が吹き込まないようにする

横から風で雨が吹き込まないように、雨天時はポールの長さを低めに調節してタープを低く張る。

2 雨水が溜まらないようにする

タープやテントの屋根には水が溜まりやすい。重みでペグが抜けることもあるので、水がたまらないよう工夫をしよう。

3 地面に水たまりができないようにする

タープ周辺では同じ場所に水が溜まりやすい。溝を掘って水の流れる道をつくったり、バケツなどに水が溜まるようにしよう。

4 日常使いの雨対策をキャンプにも

普段使っている雨具はキャンプでも大活躍。キャンプ場では特に地面がぬかるむので、長靴やレインブーツが重宝する。

5 撤収時はあきらめも肝心

濡れたテントやタープは苦労して収納袋に入れても、晴れた日に干さなければならない。ひとまずゴミ袋などに詰め込むのもアリ。

雨天キャンプのテクニック

タープとテント、クルマをつなぐ

テントの前室や車のラゲッジをタープと重ねると、雨に濡れずに双方にアクセスできる。ツールームテントであれば行き来も減るので、雨天時でも比較的快適に過ごすことができるだろう。

普段の雨具を活用

雨天時のキャンプでは地面の状況はぐちゃぐちゃになるので、長靴やブーツは欠かせない。テントの前室に傘などを置いておくと、炊事場やトイレに行くときなどに便利。

予備のロープで雨水の逃げ道を作る

タープに雨水が溜まらないように、予備のロープで雨水の逃げ道をつくるといい。

タープのサブポールを外す

サブポールを広げておくと、横からの雨が入り込んでしまう。雨天時はメインポールだけにしておこう。

側溝を掘って排水

テントやタープの周辺に側溝を掘る。テント下やタープの足場への雨の浸入を防ぐことができる。

キャンプの適期適所を考える

キャンプを一年中楽しむためには、
自分が持っている道具のほか、
季節とキャンプ地の組み合わせを考えて、
どこでなら快適に過ごせるか選択することが重要だ。

本当のキャンプスキル

　春と秋が短くなってきたとはいえ、日本には四季があり、北海道から沖縄まで気候もさまざまだ。キャンプをする季節によって快適に過ごせるキャンプ場も異なる。また、海沿いのキャンプ場もあれば、標高1500メートルの高原に位置するキャンプ場があるように、同じ季節でも必要な装備はまったく異なる。

　これらの条件を組み合わせてキャンプ地を選び、そこで過ごすことをイメージして道具をチョイスする。こうしたシミュレーションができるようになることが、キャンプスキルの根幹といってもいいだろう。

　ただ、ベテランになったとしても、道具の選択を間違えたり、忘れ物しなくなるわけではない。いかなるときも、臨機応変に対応することを心がけておこう。

季節ごとのキャンプ地の選び方

春はお花見のできるキャンプ場で

春は桜の開花時期に合わせてお花見ができるキャンプも楽しそう。ただし、まだまだ風が冷たく、日射しがないとすぐに寒くなるので、防寒対策はおろそかにしないように。

夏は高原などの避暑地へ

夏は身の危険を感じる暑さでキャンプどころではない。海沿いや川沿いも水辺とはいえ標高の低いところにあることが多い。夏はなるべく標高も緯度も上を目指していこう。

標高と気温の関係

大気の圧力は標高が高くなるほど低くなるため、高地では大気が膨張して気温が低下する。そのため、100メートル標高が上がると、0.6℃ほど気温が下がるといわれる。夏場はこれを活かして高地のキャンプ場を選択することで、なるべく快適に過ごすことができるのだ。

秋冬は標高の低い森林サイトがおすすめ

夏とは反対で秋冬はなるべく南に下りたい。森の中にあるキャンプ場であれば、葉は落ちていたとしても風の影響を受けにくく、静かに焚き火を楽しむのに適した環境となる。

キャンプ場に問い合わせること

報道される天気予報は広域のもので、ピンポイントでキャンプ場の天気を示しているわけではないので、実際にキャンプ場に問い合わせてみるのが確実だ。

● 気温や風速など
● 地面の状態
　（前日の雨でぬかるんでいたりしないか）
● キャンプ場までの道中の路面の状態は安全か

暑さ、寒さをしのぐアイディア

キャンプ場は気温差が激しいもの。
夏ならば、暑さへの備えはもちろんだが、
夜に冷え込むことを考えて、
寒さにもしっかりと備えたい。

暑さへの備え

　暑い夏こそ涼しい場所でキャンプを行いたいもの。おすすめは森の中に設けられた林間のテントサイト。生い茂る木によって強い日射しを避けられるので、これだけでも日なたよりも涼しく感じられるはず。木漏れ日のなかで微風を感じながら昼寝をする。これぞサマーキャンプの醍醐味だ。しかし、気温が高く、日射しも強い場所でキャンプをする場合は、熱中症には気をつけなければならない。現地の気候にあわせた服装を選び（P38）、タープをしっかり張って（P54）過ごそう。それに、自然環境を活かしたり、道具の使い方を工夫したりすれば、夏のキャンプだって涼しく過ごせてしまうのだ。

インナーテントだけで昼寝タイム

開放的なタープで、日射しを避けながら風を受ければ涼しく過ごせるが、やはり虫が気になる。そんなときはタープの下にインナーテントを蚊帳として置いて昼寝するのもアリ。

ハンモックで涼しく昼寝

夏を涼しく過ごすならハンモックがおすすめ（P134）。南米生まれのハンモックは、もともと暑さを避けるためのアイテムなのだ。生地も薄く背中でも風を感じながら昼寝ができる。

Point

● 寝袋よりもブランケットで

夏場は寝袋では暑すぎることも。ブランケットやインナーシュラフなどでも快適に眠ることができる。トラベルシーツは虫を寄せつけない加工をしたものもある。また、コット（→P35）で寝れば、背中に風が通り、涼しさを感じられる。

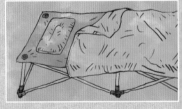

● クーラーボックスを置く場所

暑い日は、地面からもじわじわ熱が伝わってくるため、クーラーボックスは地面に直置きしないこと。ベンチなどに置いて、地面から離して置くように。また、直射日光を避けるため、タープ下など日陰に置くこと。太陽の動きを考えて、常に日陰をキープしたい。

寒さへの備え

夏のハイシーズンが終わり、人も少なくなってきた秋こそキャンプに適した季節。しかし、日中こそ快適な秋キャンプも、比較的標高の高いキャンプ場では夜になっての寒暖差はかなり激しいものがある。防寒対策で最も大切なルールは"寒いと感じる前に防寒すること"だ。一度体温が下がってしまうと、上げるまでには時間がかかる。体温を下げないように、冷え込む前に焚き火をおこしたり、上着を1枚増やすなど対策をとろう（衣服のレイヤードについてはP40参照）。寒いと感じたらすぐに温かい飲み物を用意して、体の中から体温を取り戻そう。

地面からの冷気対策

侮ってはいけないのが地面からの冷え。特に寝るときは地面に体を横たわらせるため、冷気を全身で受けることになる。テントの下に断熱材代わりの段ボールを敷いたり、マットを複数重ねるなど、地面への対策はとれるだけとるように。

!注意

寒いからといって、テントやスクリーンタープなど密閉空間で火を焚いたり、ランタンや簡易ストーブなどの燃焼器具を使うのは絶対にNG。転倒などで火事を引き起こし、一酸化炭素中毒になってしまう。一酸化炭素は無味無臭で、症状も頭痛やめまいといったものであるため自分では気づきにくい。換気をしていたとしても非常に危険。

湯たんぽをつくろう

プラスチック製の水筒やペットボトルなどにお湯を入れて、湯たんぽ代わりにして寝るのもよい。低温火傷しないように、タオルなどに巻いて使うこと。

毛布類は下に敷く

チェアの隙間からの風で体温を奪われやすい。毛布などは上からかけるのではなく、下から巻き込むように使うとよい。

足下の防寒対策を

キャンプ用のブーツは内側にボア生地が使われているなど防寒対策が施されている。テント内用のインナーシューズなどもあるので、それらを活用して足下からくる冷気の対策は万全に。

冬の食べ物は汁物で

料理には汁物を採用することで、体の内側から温まろう。鍋から雑炊にリメイクできるようなものなら、なおよし。体を温める効果のあるスパイスを取り入れてもいいだろう。

Point

● シュラフの適性温度ってどういうこと?

シュラフには使用最低温度が記されている。この数値は気温何℃まで快適に眠ることができるかの目安だ。とはいえ、表示されている温度が実際の気温に対応してくれるわけではない。たとえば気温2℃の日に最低使用温度2℃のシュラフで寝ると、最初はぐっすり眠れるかもしれないが、夜中になって寒くて目が覚めてしまう。もちろんマットや衣類を着込んで寝ることで多少の変化はある。しかし、朝までぐっすり眠るには実際の気温より4〜5℃ほど低い使用最低温度のシュラフを選ぶようにしよう。

● 寝袋の中にブランケットを

寝袋の保温力を高めるために、ブランケットやインナーシュラフを中に入れよう。空気の層を増やすことで、さらに暖かくなる。

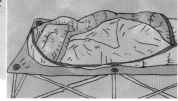

冬キャンプのススメ

防寒対策などが必要な冬キャンプは
必要な装備や知識も多く、ハードルが高く感じられるかもしれないが、
冬でもキャンプができるようになれば
いつでもキャンプができるようになる!

備えて楽しむのがキャンプ

　冬キャンプには、適切な装備や知識のほか、致命的な事態を引き起こさないような判断力も必要となる。それほど人間は寒さに弱い。しかし、そうした難局を知識や工夫で乗り越えるのもまたキャンプの楽しさだ。寒さへの耐性も人によって変わるため、「これをすれば大丈夫」と言い切れないが、過剰なほどの防寒対策を施しておくことが得策。また、車中泊やコテージ泊に切り替えるなどの選択肢をもつことも、冬キャンプには必要だ。

冬キャンプの魅力

キャンプ場の木々も枯れ落ち、同じキャンプ場でも春夏とは違う景色を見せてくれる冬キャンプ。何より、寒さを凌ぎながらの焚き火は格別な魅力がある。

冬キャンプの注意点

キャンプ場までの移動に気をつける

まずキャンプ場まで無事に辿り着けるかどうか。自然豊かな場所は降雪も多く、朝晩には路面が凍結していることもある。チェーンや冬タイヤで対策しつつ、キャンプ場周辺の路面状況を事前に問い合わせておこう。冬キャンプに慣れていないうちは、標高の低い平地のキャンプ場を選ぶようにするといいだろう。

防寒対策をおろそかにしない

天気予報でわかる気温より、キャンプ地はもっと低いと予想して防寒対策を施す。上着やインナータイツはもちろん、特に足下からの冷えに対しては厳重に。ブーツや厚手の靴下、靴下用カイロなどを活用しよう。寝袋も冬用が理想。スリーシーズン対応の寝袋なら、インナーシュラフやシュラフカバーなどと併用して対策したい。

寒暖差による結露に注意

風の影響を受けにくいシェルターなどで過ごしていると、呼気により湿度が高くなり、外気温との温度差が大きくなってテント内側に結露が発生してしまう。寝袋が濡れないよう、シュラフカバーなどで対応しよう。また、テント外に荷物を放置しておくと、朝には霜が降りた状態になるので、車やタープ下などに入れておこう。

火の扱いに注意する

冬キャンプに焚き火は欠かせないが、落ち葉や枯れ草など燃えやすい環境でもあるので火事にならないよう十分注意したい。風の強い日は焚き火をしない判断も必要だ。また、ガスを使用するバーナーも、気温や気圧が低いと着火できない（ドロップダウン現象）可能性がある。寒冷地仕様のガス缶を用意しておこう。

キャンプの光源はさまざまある

夜のテントサイトを照らす灯り。
ランタンや焚き火、ロウソクなど、キャンプならではの光は明るすぎず、
それでいて柔らかくて暖かい、実に趣があるものだ。

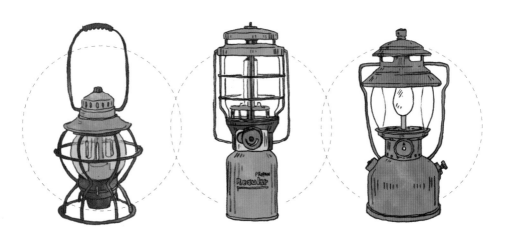

バッテリー式ランタン

充電や電池で点灯するランタン。オンオフや、光量の調節をボタンなどで調節できるので扱いやすい。テント内でも使えるし、子どものいるキャンプでは安全安心に使える。

ガス式ランタン

明るさが魅力のガス式ランタン。ツマミをひねってガスを出し、点火ボタンで着火するだけなので手軽に使用できて、光量も十分にある。燃料もバーナーと兼用できるので効率的。

液体燃料式ランタン

明るさや灯りの色に趣があるのが液体燃料式ランタン。燃料はガソリンや灯油など。点灯するまでにはいくつか手順があり、タンク内の空気圧を高めるポンピングや、装置に余熱を与えるプレヒートが必要。

燃料別ランタンの種類

　ランタンはバッテリー式、ガス(カートリッジ)式、液体燃料式の3つに分類できる。大きな違いは扱いやすさと安全性。バッテリー式はボタンひとつでオンオフできるため扱いやすく、室内でも使用できる。一方ガソリンや灯油などの液体燃料式ランタンは、事前の準備が必要なので手間がかかるが、サイト全体を照らせるほど明るい。もちろん、高スペックのLEDランタンであれば十分な明るさを得られるが、キャンプの趣にはやや欠ける。使いやすさ、安全面を重視するならLEDランタンだが、雰囲気を重視するなら液体燃料式ランタンがおすすめ。なかでもオイルランタンは音も静かで自然との相性がいい。

周囲への配慮も大切

大光量のランタンは明るくて便利だが、落ち着いた夜を過ごしたいキャンパーにとっては眩しすぎることも。食後は光量を落として、焚き火の炎とわずかな灯りで過ごすようにしたい。

ランタンのレイアウト

ランタンの光量を考えて
適材適所で配置する

夏場のキャンプの大敵である虫は、強い灯りに集まってくる。手持ちのランタンでも一番光量の強いランタンをサイト付近に、少し離して配置して、虫を誘導しよう（写真上）。テント内のような密閉空間ではガス式などの燃焼系のランタンは使用NG。テントに火が移ってしまうのが怖いのはもちろんだが、（換気をしたとしても）一酸化炭素中毒になってしまうのでバッテリー式を使おう（写真中）。調理中などは手元を照らすためにキッチン付近にランタンを置きたい。また、せっかくの料理が見えるように、食事中にはテーブルにも（写真下）。

その他キャンプならではの光源

ロウソク

調理や食事が終われば、それほど光量は必要ない。食後の家族の会話を楽しむくらいなら、ロウソクの灯りで十分だろう。テントやタープのロープをペグダウンした位置に置いておくことで、転倒防止にもなる。

月明かり

電灯などのないキャンプ場では、夜の暗さを改めて感じるとともに、月の本来の明るさに驚くことになるだろう。満月の夜ならば、サイトの灯りを一度消して、眩しいほどの月明かりを堪能してほしい。

焚き火

実は、焚き火さえあればランタンなんていくつもいらない。ガスカートリッジや燃料などの節約にもなるし、焚き火を囲んでさえいれば、手元はもちろん皆の顔だって十分見える。

何より
欠かせないのは
ヘッドライトだ

P37でも紹介したヘッドライトは、実に欠かせないアイテム。日が落ちてから歯磨きで炊事場に行ったり、夜中目が覚めてトイレに行くときなど、できれば人数分揃えて欲しいところだ。懐中電灯などと違って両手が使える上に、自分の向く方向を自動的に照らしてくれるため、暗い中での作業に重宝するからだ。停電などに備えて家庭用にも備えておきたい。

撤収は次回のことを考えて

楽しい時間も終わりに近づき、
いよいよキャンプ場から撤収しなければならない。
スムーズな撤収のコツは、就寝前、起床時にやるべきことを理解しておくことと、
次回のキャンプのことを考えて行うこと。

就寝前、起床時にやるべきこと

撤収にかかる時間は多くの人が見誤る。もちろん慣れれば慣れるほど時間の読みは正確になるが、はじめのうちは、1時間くらいで片づけられるだろうと思ったら、少なくともその1.5倍の1時間半はかかるものと考えておくといいだろう。ここでは、撤収時間を短くするために知っておきたい、寝る前と、起きた後にやるべきことをリストアップしてみた。

撤収時間は長めに見積もる

キャンプ場にはホテル同様チェックアウト時間がある。撤収時間は長めに見積もって、チェックアウト時間から逆算して撤収を開始することが大切だ。あまりに時間を過ぎてしまうようなら、その日のデイキャンプ料金を追加で支払ってゆっくり過ごすのもいいだろう。

シーン別、効率のよい撤収方法

就寝前に

夜露や雨の対策

よく晴れた日の夜は、夜露が降りる。また、夜中に天候が急変し、雨が降るかもしれない。テーブルやチェアなど、濡れたら困るものはタープの下などに入れておこう。

食材の管理

キャンプ場付近には動物が暮らしている。タヌキやネコは物陰から、トンビやカラスは高いところから様子をうかがっている。残った食材はクーラーボックスなど密閉できる場所に保管しておくこと。

食器類の片づけ

調理に使った鍋やフライパンはもちろん、皆で食べた食器類の片づけは翌朝に持ち込まないこと。一晩たった汚れはただでさえ落としにくく、炊事場でも大量に水を使うことになる。完全にきれいにしないまでも、食べ残しを捨ててキッチンペーパーなどで軽く汚れを拭き取っておくとよい。

起床時に

寝袋を干す

寝袋やブランケットなど、就寝時に使ったものは寝汗などで湿っているもの。朝日が出ているのであれば、タープのロープに引っ掛けたり、車のボンネットに広げるなどして干してしまおう。天気の悪い日などは一度収納袋に入れてしまい、自宅に持ち帰ってから干すといいだろう。

テントを乾かす

朝、雨が降っていた場合は乾かせないので濡れたまま撤収するしかないが(P58)、晴れているならテントの底面を乾かしたい。雨に降られていなくても、テントの底面は結露で濡れている。下にレジャーシートを敷いていた場合(P51)も同様、濡れているものは撤収完了までに朝日で乾かしてしまおう。

寝るときは
ランタンなどのガラスものは
テーブル下に片づけよう！

使わなくなったもの
から片づける

　撤収はもう使わないものから順に片づけよう。たとえばテントは起きてしまえば使わなくなる。朝食前に結露で濡れていた底面を乾かして、先に撤収してしまおう。そのあとは、朝食が終われば料理器具、食器類を撤収。すみやかに撤収したいのであれば、朝食には片づけが簡単にすませられるレシピを。慌ただしい朝はあまりおすすめできないが、焚き火や炭を使わない料理を選べば、撤収時間は大幅に短縮することができる。日避けにもなるタープは、予期せぬ雨にも備えて最後に撤収するといい。

積載ルールをつくる

車への積み込みは、あらかじめラゲッジやトランク近くにシートを敷いておいて、積み込める収納状態になったものから並べておき、ひととおりそろった時点で積み込むといいだろう。自分なりの積載ルールをつくっておくと、毎度パズルに悩むことなくスムーズだ。

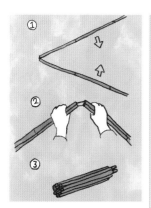

ポールは真ん中からたたむ

ポールはできるだけ真ん中からたたむようにしよう。テントから抜いて端からたたみたくなるのだが、これだと内部のショッキングコードが偏って伸びきってしまう。長く愛用するためにも気をつけたい。

テント内の掃除

テント内にどうしても入り込んでしまうのが葉っぱやゴミ。ポールの入った状態でテントを持ち上げてゴミを落とす人を見かけるが、これはテントポールの破損につながる。ほうきとちりとりを使ったり、ポールを抜いてテントを裏返すなどして対処しよう。

泥汚れなどを落とす

チェアやテーブル、タープポールなどの地面と接していた部分は、ふきんなどで汚れを落としておこう。こうすることで次回のキャンプを気持ちよくはじめられる。ペグも同様。乾燥していた場合は、2本を擦りつけるだけでも汚れを落とせる。

キャンプは道具を濡らして
それを乾かして帰る遊びである

道具が濡れたり汚れたりすることをおそれていたらキャンプなんてできない。雨に降られずとも、テントやタープは気温差で結露するし、鳥のフンだって落ちてくる。本来それらから身を守ってくれるものなのだから仕方ない。仮に雨に降られても、撤収時に晴れてくれれば大丈夫。その日は延長をして、一日道具のメンテナンスの日にするのもいいだろう。濡れたまま帰る場合は、後日晴れた日に公園などでメンテナンスを行いたい。

上手な道具のメンテナンス法

愛すべきキャンプ道具は、
決して使用頻度の高いものではない。
眠っている時間が多いからこそ、
使う前にはきちんと手入れをしておきたいものだ。

次回を楽しみにしながら道具の状態をチェック

　年に10回行ったとしても、せいぜい月イチくらいしか活躍の場が与えられないキャンプ道具。前回きちんと撤収していたとはいえ、久しぶりに使うようなときには事前に状態をチェックしておきたい。濡れたまま収納したテントやタープは、カビが生える前に天日干し。自宅の庭やベランダにスペースがない場合は、散歩がてらに近所の公園で広げて干すのもいいだろう。炊事場でおざなりに洗った調理器具などは、改めて台所できれいにしておこう。自宅で手入れをしているだけで、ワクワクして次のキャンプが楽しみになってくる。

シュラフのメンテナンス

ダウン素材のシュラフは収納袋に入れたままにしておくと、潰れて膨らみにくくなる。ゴミ袋など大きめの袋で保管しよう。

ダッチオーブンのお手入れ

鋳鉄製のダッチオーブンは、使い始めのうちは油が十分に馴染んでいないので、入念に手入れをしておく必要がある。この油を馴染ませる作業をシーズニングと呼ぶ。表面に油の膜をつくることで、錆つきや焦げつきを防ぐことができるのだ。ちなみに、洗剤を使って洗うとその油の膜を落としてしまう。ひどく汚れてしまって洗剤で汚れを落とした場合は、再度シーズニングを。

①
汚れを削り落とす

まずは焦げついた汚れや錆などをしっかりと削り落とす。

ダッチオーブンが熱いときは、絶対に水をかけない。鋳鉄製のダッチオーブンは温度差に弱く、割れてしまうこともある。

②
お湯を沸かして汚れを浮かせる

削っても落ちない汚れは、ダッチオーブンでお湯を沸かし、汚れを浮かせてから、タワシなどでゴシゴシ洗う。ダッチオーブンが完全に冷えているのであれば、水で洗ってもOK。

③
火にかけて水気を蒸発させる

ダッチオーブンの水気を完全に蒸発させる空焼きを行う。空焼きの前に、残った野菜クズなどを炒めると、鉄臭さを落とす効果もある。

④
油を塗る

水気がなくなったら、キッチンペーパーなどにオリーブオイルなどを染み込ませて、ダッチオーブン全体（表裏ともに）に塗る。鋳鉄の凹凸にもしっかり油を塗りこむ。

素材別のメンテナンス

布

布が破れそう

チェアやテントなど、布製品のキャンプ道具はたくさんある。最低限の強度はあるとはいえ、やはり野外で使っているとどこかしら破けてくる。テントやタープは補修用の生地で修繕しよう。チェアなど強度が必要なものは、ダクトテープなどで補強するといいだろう。あとで縫えるものはしっかりと直したい。

木

オイルで乾燥予防

キャンプ道具として扱いやすく、風合いもいい木製品のキャンプ道具。チェアやテーブルなどに多く使われているが、長く使っていると経年劣化していくもの。こまめに植物性のオイルを塗布してあげることで、乾燥から保護できるし、汚れにくくする効果もある。無垢材の家具を扱う店などで入手できるオレンジオイルがおすすめ。

金属

錆止めは必須

チェアやテーブルなどの可動部分として採用される金属パーツ。雨などにさらされたまま水気を拭かずに放置していると錆びついてしまうので、防錆剤などを塗っておこう。可動する部分には潤滑剤を塗布しておくと、設営撤収もスムーズに行えるようになるだろう。

革

革をなめらかに

使い込めば使い込むほど味が出てくる革製品ほど、よくメンテナンスをしていきたい。革製のグローブにはミンクオイルが適している。手に装着した状態で、指の付け根などにもまんべんなく塗布することで、表面の油分を補い長持ちさせてくれるはずだ。

消耗品を補充しておく

ガスカートリッジなどの消耗品は、キャンプ前に事前に補充しておこう。現地で買い足すこともできるかもしれないが、割高になってしまう。バッテリー式のランタンなどは、キャンプに向かう車中で充電してもいいだろう。

調味料は自宅と兼用

調理に使う調味料は、キャンプ用でわざわざ買う必要はなく、自宅のキッチンから必要なものを持ち込むようにしよう。賞味期限が切れそうなものから使えば経済的だ。調味料用のバッグを用意しておけば、清潔に使うことができる。

ペットとのキャンプ

　ペット、主にワンちゃんとのキャンプも楽しい。私たち人間よりも、解放的な気分を感じているのではないかと思えるし、その様子、表情を見ても幸せな気持ちになれる。

　ペットとキャンプに行く際は、寒暖差に対応できる備えをしよう。暑さによる熱中症対策として冷感ウェアを着せて水分補給が常にできる状態を保つこと、ブランケットを複数枚用意して防寒対策もしておきたい。短毛で皮膚が弱いワンちゃんにはウェアを着せてあげることで太陽光からも守れる。急な天候変化に備えてレインウェアもあると便利だ。

　ロングドライブに慣れていないワンちゃんも多いので、よく車に慣れさせることも大切。移動時にはケージやドライビングボックス内で過ごさせて、運転の邪魔にならないように注意。ペット同伴可のキャンプ場とはいえ、多くの人と共生するためリードは必須だ。また、落ちているものの誤飲にも注意しなければならない。

　さまざま注意しなければならないことはあるが、トレッキングや自然散策、一緒にカヌーに乗るなどアウトドアを共にする相棒の存在は、より自然を、キャンプを楽しめる要素になるだろう。

自由自在に火を操ろう

野外で生活するキャンプでは、
「火」の扱い方が重要となる。
火は、料理や、寒さへの備え、
暗闇を照らす照明として、
なくてはならない存在なのだ。
ここでは焚き火の基本的なやり方を解説しながら、
キャンプでの正しい火の活用法を紹介していく。

焚き火をしないで何をする?

キャンプの醍醐味は
人それぞれあるかもしれないが、
なんといっても焚き火である。
誰もが炎を見つめているだけで、
キャンプに病みつきに
なってしまうのだ。

なぜ人は火に魅了されるのか

焚き火をしないキャンプなどあり得ない。むしろ焚き火をするためにキャンプをしているようなものである。

古来、人類は火を操って進化してきた。道具を開発して使いこなしを繰り返し、現代の最先端技術に至るまで、進化の根源は火との営みから始まっているのだ。また、さまざまな神事にも常に火が存在する。火に対する敬意と愛情は、もはやDNAに刷り込まれているのだ。

焚き火には人を打ち解けさせる何かがある。その理由は何だろう。焚き火には酒が共にあることも関係しているかもしれない。しかし、最大の理由は、焚き火がそこにあるだけで、自然と人々が集まり向かいあってしまうところにありそうだ。以前、作家の田渕義雄氏が「焚き火はテレビジョンだ」と言っていた。まさにそのとおりだと思う。キャンプの夜はいつも焚き火が中心で、みんなが焚き火に夢中だ。炎を囲み向き合うことで、自然と人は解け合っていくのかもしれない。

焚き火を有効活用しよう

焚き火は魅力的なものであるとともに、
熱を発するエネルギー源だ。
だからこそ、
あますことなく有効に
活用したい。

焚き火といえば料理。キッチンでつまみをひねっているだけでは、料理のために火を操っている感覚はないかもしれない。オール電化ではなおさらだ。リアルに火を操って料理をすれば、改めて火のありがたみを知ることができるだろう。

アウトドアアクティビティのなかでも、釣りやカヤックなど水遊びは一般的。それらの後は、しばしば衣服が濡れることもあるだろう。昼間は太陽があれば干せばいい。陽が落ちたって、そこに焚き火があれば乾かすことなんてわけないのだ。

調理ができる

乾かせる

暖をとれる

鑑賞できる

夜になれば暗くなり、気温も下がる。そうしたときに人は火を焚いてきた。手足など体の先端が冷えてきたときに、火にそれらをかざす。遠赤外線の芯まで伝わる熱が、硬直した体をじんわりと溶かして和らげてくれることで、細胞ひとつひとつが火に感謝するのだ。

焚き火があれば、自然とそこに人は集まる。酒でも酌み交わしながら会話に花が咲くこともあるだろう。しかし、炎を眺めているだけで、不思議と会話はなくとも時間を共有することができる。たとえひとりでキャンプをしていても、焚き火があればさみしくもない。

焚き火アイテムはこんなにある

火を操るにも道具が必要だ。
そしてどうせ使うなら、魅力的な道具に囲まれたい。
焚き火マスターによって選び抜かれた
道具たちをとくとご覧あれ。

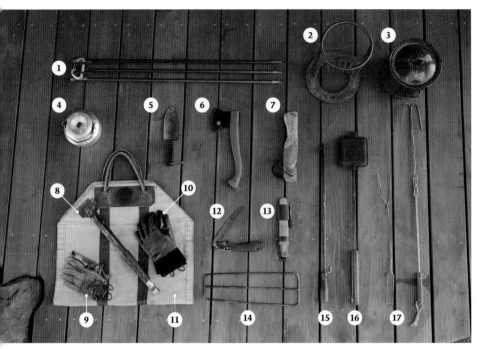

① トライポッド	⑦ バトニングハンマー	⑬ ナイフ（メタルマッチつき）

① トライポッド

② 薪割り道具

③ 火消しツボ

④ ケトル

⑤ シャベル

⑥ アックス

⑦ バトニングハンマー

⑧ 火ばさみ

⑨ グローブ（作業用）

⑩ グローブ（耐熱）

⑪ ログキャリー

⑫ ノコギリ

⑬ ナイフ（メタルマッチつき）

⑭ バッカーズグリル

⑮ 火吹き棒

⑯ ホットサンドメーカー

⑰ 焚き火フォーク

焚き火アイテムを一式まとめ
ておくのにおすすめなのが、
油や塗料を入れるペール缶。
専用の工具収納袋を被せ
れば、焚き火セットの
できあがり。外側、内
側のポケットにさ
まざま道具を
入れられる。

焚き火もカタチから入ってみる

　焚きつけと薪を集めたら、あとは最低限マッチでもあれば、特に道具なんて必要ない焚き火。しかし、焚き火をより楽しむために深く追求していくと、自然とモノが増えてくる。薪を割る斧やナタ、焚き火で調理をするためのゴトク（パッカーズグリル）やホットサンドメーカー、焚き火フォークなど、道具があることで焚き火でできることが増えてくる。やりたい焚き火に応じて、必要な道具を選び抜こう。

おすすめの焚き火道具

薪を集める「ログキャリー」

薪を集めるための、持ち手のついた布がログキャリー。両手いっぱいにかかえて何度も往復せずとも、一度で薪を運べる。地面からの湿気を防げて移動も簡単だ。

1本で加工から着火までできる「ナイフ」

焚き火をするには焚きつけが（P82）必要。薪を割って焚きつけにする際、ナイフがあれば簡単（P140）。メタルマッチ（ファイヤースターター）で着火できるタイプもある。

炎を操る「火ばさみ」

耐熱グローブでも掴めないような、燃え盛る薪を操作することができる火ばさみ。薪を掴む部分が幅広になっているものほど扱いやすい。

熱から地面を守る「難燃シート」

焚き火の熱でキャンプ場の芝を焦がさないように、また延焼を防止するためにも難燃シートを常備しておきたい。安全を確保できるし、後片づけのときにも便利。

携帯できる薪ストーブ

海外製のフロアレスシェルターには、中に薪ストーブを入れて煙突を外に出すことのできるものがある。また、携行しやすい組み立て式の薪ストーブも普及している。秋冬のキャンプで快適に過ごすことができるが、一酸化炭素中毒に注意。

薪の種類と割り方・組み方

焚き火の目的によって、薪の材質を決めよう。
効率よく焚き火を行うために、
燃料となる薪についての知識を深める必要がある。

焚き火に適した
薪の種類とは?

　薪の種類には大きく分けて針葉樹と広葉樹がある。一般的に、針葉樹は広葉樹に比べて密度が低く、薪割りが容易で運搬に適している。また、着火性が高いので焚きつけ用にも適している。一方、密度の高い広葉樹は火持ちがよく、暖める力も高いのが特徴だ。着火性の高い針葉樹は、細かく割って焚きつけに。炎が安定してきたら広葉樹をくべて、じっくりと焚き火を楽しむ。適材適所で使い分けよう。

マツ

針葉樹の薪

薪割りもしやすく着火性の高い針葉樹の薪。代表的なのはスギ、ヒノキ、カラマツなど。ハイペースで燃えてしまうため、頻繁に薪をくべ続けなければならない。また、煙も火の粉も多く出る。一般的なキャンプ場には針葉樹の薪が販売されていることが多い。

広葉樹の薪

長時間燃えてくれる、じっくり焚き火を楽しむのに欠かせない広葉樹の薪。代表的なのはコナラ、ブナ、ケヤキなど。火の粉も少なく焚き火に適している。ただし広葉樹の薪は密度が高いので、薪割りは難しくなる。

ナラ

薪で香りづけ?
焚き火で肉などを焼く場合、燃やす薪によって味を変えて楽しむことができる。サクラやリンゴなど果樹を薪にして、煙に燻された味の変化を楽しもう。これぞまさに焚き火フレーバー!

薪の組み方

四角錐型

火口の位置が深いところになる四角錐型。内壁を利用して、焚きつけや薪を浮かせて空気のスペースをつくるように組む。

平面型

中心部に火口を置き、空間ができるように薪を置く。細めの薪から順にピラミッド状に組んで、最後に太めの薪をのせる。

横長型

横長の焚き火台は風の流れに対して平行に配置する。火口を中心に置いたらまたぐように薪を配置し、その薪に立てかけるように太めの薪を置く。

ゴトク代わりの薪

太さの同じ大きめの薪を平行に並べることで、ケトルを置いてお湯を沸かしたり、鍋を置いての調理が可能。当然ながら燃えてしまうので、鍋を置くときは薪がくずれないように様子を見ながら火を焚こう。

薪を乾燥させる

焚き火が始まったら、その熱を利用して薪を乾燥させよう。焚き火台の形状にもよるが、焚き火を囲うように重ねることで乾燥することができる。乾燥させた薪はより着火しやすくなるし、爆ぜることも抑えられる。

薪は乾燥した状態を保とう

湿った薪を燃やすと大量に煙が発生するので、できれば薪はよく乾燥させたい。地面に直に置いておくと湿ってきてしまうので、レジャーシートやログスタンドなどに置いておきたい。56ページで紹介した鉄製ペグを4本使って、簡易のログスタンドにすることも可能だ。

さて、どんな焚き火をしましょうか?

調理をするのか暖をとるのか、
焚き火の用途によって薪の量は変わってくる。
どんな焚き火をするのか、
ひとつプランニングしてみよう。

薪不足は絶対に避けたい

焚き火をする際に気にしておくべきは薪の種類と量だろう。キャンプスタート時から寝るまで焚き火をし続けるとなれば、広葉樹の薪が2～3束欲しいところ。夜になってから薪が足らないとなっても、管理棟も閉まって追加購入できないこともある。薪は次回に持ち越してもいいので、多めに用意しておこう。

よくある失敗談	薪をくべすぎると、炎も上がって明るく暖かいものだが、その分火の粉が上がるもの。服の袖口に穴が空いたり、下手するとテントやタープにも穴を空けてしまう。油が多く含まれているスギやマツなどの薪は一度にくべすぎないようにしよう。

焚き火プランの立て方

Step 1
目的と用途を考える

まず考えるべきは、焚き火の目的。焚き火で料理をしない場合と、焚き火での料理を想定している場合では、倍ほど薪の量が変わってくる。

Step 2
材質と分量を組み立てる

焚き火で料理をする場合、それに適した薪を選ぶ必要がある。また、どのような料理をするかでも選択肢がある。適材適所で薪を選ぼう。

Step 3
薪を事前に用意する

現地で拾い集めたり、キャンプ場で購入するのでは選択肢が限られる。薪は目的と用途に合わせて事前に購入しておくこと。

目的と用途に応じた焚き火

落ち着いた焚き火をする

調理時は薪の交差する点を減らして、遠赤外線を発する「おき火」の状態にする。針葉樹の薪ではすぐに燃え尽きてしまうが、広葉樹の薪なら炭火のようなおき火の状態が長時間持続するため、火力が安定して調理がしやすい。

炎を上げる焚き火をする

灯りとして焚き火をするなら、折れた薪を三角錐になるように立体的に組み上げていこう。炎が上に向かって高く上がることで、周囲を照らすことができる。炎が上がれば暖もとれるが、燃やしすぎには注意が必要だ。広葉樹の薪を2本くべるくらいがいい。

おき火　　　　　適度な焚き火　　　　　　　　　燃やしすぎ

おき火とは?

薪が燃えて赤く炭火のようになった状態のこと。炎は出さないが、遠赤外線を発生させているので、熱伝導にすぐれ、もっとも料理に適した状態といえる。炎が揺らぐことはないおとなしく見えるが、その効果は肉を焼いてみればわかるだろう。「外はこんがり、中はジューシー」な焼き上がりに驚くはずだ。

適度な焚き火を心がけよう

焚き火ではキャンプファイヤーのように高く炎を上げる必要はない。強い炎は火の粉を飛ばし、衣服やタープに穴を空けてしまうし、せっかく暖をとりたいのに近づくこともできない。さらには薪の消費も激しいため、百害あって一利なしである。適度な炎を維持しながら、弱くなったら薪をくべるを繰り返し、しっぽりと楽しもう。

目的に応じた焚き火台の種類

コンパクトな焚き火台

軽量でB5〜A4サイズくらいにおさまるような、携行しやすいソロ用の焚き火台の種類は豊富にある。キャンプ場で購入するような25〜30cmほどの薪がしっかりのせられるか確認しよう。

観賞に適した焚き火台

火床も平らで直火のように薪を組める重厚感のある焚き火台。焚き火が美しく見られるだけでなく、炎の灯りで模様が浮かび上がり、空気も取り込んでくれる合理性も。

調理のしやすい焚き火台

スキレットやダッチオーブンをのせながら焚き火の操作もしやすいような、焚き火調理に特化した焚き火台もある。トライポッドなども駆使して、焚き火ひとつで同時調理を楽しもう。

自在に火を操ろう　　　　失敗しない火おこし

焚き火マスターに学ぶ火おこしのコツ

焚き火プランを立てたら、いざ実践。
火おこしはキャンプにおいてもっとも重要なテクニックだ。
現地でスムーズに行えるよう、
手順をマスターしておこう。

焚きつけ　　　　　　　　　　　　　薪

焚きつけ

初心者にとって、焚き火は火をつけて安定させるまでが難しい。市販の着火剤を使うと簡単ではあるが、どこか味気ない。せっかくのキャンプ、自然から得られるもので焚き火を楽しみたいものだ。マッチやライターなどで最初に火をつける対象物を火口と呼ぶが、樹皮や葉の中には油分を含んだものもあり、着火剤がなくても十分に火がつけられる。シラカバの樹皮やスギやマツの枯れ葉など、なるべく乾燥した状態で集めておこう。

薪

薪の種類については前述のとおり。最初に燃えやすい針葉樹から火を大きくしていき、長持ちする広葉樹が安定して燃えるようになれば焚き火の成功といえる。いきなり太い薪に火をつけるのはベテランでも難しい。大切なのは、細→中→太と小さな薪から徐々に大きな薪へと火を移していくこと。針葉樹の薪を指の太さほどに割っておいたものを多めに用意しておき、一度着火した炎で確実に焚き火を大きくしよう。

自然から得られる着火剤

キャンプ場を散策しながら、乾燥しているもの、ふわふわして空気を含みやすいものなどを見つけてこよう。どんなものが火口に適しているか、見極める目を養える。基本的には立木からではなく倒木などから入手するのが望ましい。

82

絶対に失敗しない着火の方法

1 ティッシュを火口にする

雨で火口が見つからない、着火剤を忘れた、そんなときでも着火できるティッシュを使った着火方法を紹介する。焚き火の炎を大きくするプロセスをしっかり叩き込んでおこう。

2 火口の上に薪をセット

ティッシュを数枚ビリビリに破り、ふわっとさせた状態で中心に置く。その上に長めの薪をまたぐように配置し、小割りにした細い薪をティッシュを中心に扇状に立てかけていく。

3 着火する

小割りの薪のすき間からライターでティッシュに着火。この時点で空気を送ってしまうと消えてしまう可能性があるので、薪に火が移るまでじっくりと待つ。

4 薪を追加する

最初に置いておいた薪に火が移ってきたら、風向きを確認しながら炎が当たるような位置を見極めて薪を追加していく。

5 おき火の確認

焚き火台の中心に写真のようなおき火ができてきたら、空気を送っても大丈夫。煙がたくさん出てきたら、焚き火が空気を欲しているサインだ。

6 さらに薪を追加する

おき火を中心として、360度から太めの薪をぐるりと追加していく。風向きを確認して、火のついてない薪のほうへ炎が当たるように焚き火台の角度を変えてみよう。

Finish

焚き火の完成

最初に立てかけておいた薪にもしっかり火が移り、太めの薪がおき火になってきたらもう安心。広葉樹の薪に火を移して、焚き火を安定させていこう。

メタルマッチでの着火に挑戦

しっかりと乾燥した状態の焚きつけが見つけられ、湿度も低い秋冬であればメタルマッチで直接焚きつけに着火することも可能だ。コツはシンプルで、大きな火花を落とすか、連続して火花を落とし続けること。着火したらすぐには空気を送らず、火が当たりやすいように焚きつけを動かしていこう。

焚き火で料理をしよう!

眺めているだけでも最高の焚き火。
だけど、燃えている以上は
エネルギーが発生しているんだから、
何かに活用してみない手はない。
ここはやっぱり料理でしょう。

賢くワイルドな
焚き火料理の
醍醐味

　どうせ焚き火をするのであれば、その火を使って料理をするのが合理的。肉をこんがりと焼く。マシュマロをとろりとあぶる。ソーセージをぷりぷりに焼く。野趣溢れるその調理スタイルは見た目だけじゃなく味も最高。PART4で紹介している焚き火料理のレシピも参考に、賢くワイルドな料理にチャレンジしてみよう。

焚き火と交わす
コミュニケーション

各々が焚き火フォークにソーセージを刺し込んであぶる。煙に燻されて焚き火ならではの味になるし、焼き加減も自分次第。焚き火の炎とコミュニケーションを楽しんでみよう。

焚き火料理の4つの メリット

メリット 1

赤外線効果でおいしい

焚き火＝炭火は赤外線である輻射熱を発生させる。例えばおき火状態の焚き火の近くに魚を置くと、じっくり中から焼けてくるので、表面はパリっと歯触りもよく、中はほっかほか状態で焼くことができる。また、赤外線は表面を硬化させるため、うま味を外に逃がさないのだ。

メリット 2

風の影響を受けない

ガスバーナーの火はうちわで扇ぐと風でたなびいてしまう。それとともに熱も風で流れてしまうが、おき火状態の焚き火はうちわで扇いでも手を近づければ熱い。これは電磁波の一種である赤外線によるもの。赤外線は風の影響を受けない熱なので、野外に適した調理法なのだ。

メリット 3

放置しててもできあがる

ガスバーナーで調理する場合、火力は一定で扱いやすい反面、常に見張っておく必要がある。一方焚き火の場合、薪の量を数時間後には消えるように調整しておけば、弱火から消火までが自動的に行えるため、放置しても煮詰め過ぎたり焦がしたりの失敗がない。

メリット 4

燻煙効果で味が変わる

肉や魚など、焼かれることで脂の落ちる食材の場合、その脂が炭火に落ちて煙が発生し、その煙に燻されることによって味がつく（ただし炎が上がると焦げることも）。また、78ページでも解説したとおり、果樹の薪で燻煙することで、また違った香りづけをすることができる。

焚き火料理の楽しみ方

子どもが喜ぶ焚き火マシュマロ

焚き火フォークでマシュマロあぶり。上手に焼ければふわとろの極上デザートになる。焚き火と距離をおけるので、子どもでも楽しめる。

手軽なホットサンドメーカー

ホットサンドメーカーは焚き火調理に最適。焚き火で使う場合はハンドルが長いものを使いたい。109ページにレシピも紹介しているのでつくってみよう。

焚き火にはダッチオーブン

ダッチオーブンには、鋳鉄、ステンレスなど素材はさまざまある。薪や炭火に直接かけて煮込み料理をしたり、フタに火種を乗せて上から熱するオーブン的な使い方もできることが特徴。丸鶏やローストビーフなど、肉の塊をそのまま調理するような豪快さは、まさにワイルドな焚き火料理の最良のパートナーになるだろう。ただし鋳鉄製の場合、残り物は翌朝に持ち越さないこと。ダッチオーブンが傷んでしまう。

焼く、蒸す、揚げる、ボイルするなど、さまざまな調理法をひとつでこなす万能鍋。フタを裏返しにすればフライパンとしても使える。

贅沢なコーヒーの淹れ方

コーヒーのないキャンプなんて考えられない。
どうせならインスタントなどではなく、
贅沢に時間を使ってコーヒーを淹れてみよう。

道具にこだわり
手間ひまかけて

　キャンプとコーヒーの相性がいいのはなぜだろう。さて、どうせコーヒーを淹れるなら、淹れ方にもこだわりたいもの。まずは挽いた豆を持ち込んで、ドリップするだけでもいい。次は現地で豆を挽いてみたり、極めつけは生豆を焚き火でローストしたり。ここではもっとも手間のかかる、焚き火で生豆をローストする贅沢なコーヒーの淹れ方を紹介しよう。

① フィルター　　⑤ グローブ

② ドリッパー　　⑥ コーヒーミル

③ シェラカップ　　⑦ ケトル

④ コーヒー豆入れ　　⑧ 焙煎器

焙煎から焚き火でコーヒーを淹れる

1 生豆と焙煎器を用意

1人分（約10g）を目安に生豆を焙煎器に入れる。焙煎器を左右に振って火にかける。

2 豆を2段階焙煎する

煙が出始めるとパチパチと音がする（1爆ぜ）。さらに焙煎するとパチパチパチと連続音がして、モクモクと煙が出る（2爆ぜ）。

3 豆を冷ます

豆が黒くなってきたら加熱をストップ。2つのシェラカップに交互に移して、豆全体を冷やそう。

4 コーヒーミルで豆を挽く

粗さを細挽きに調節したコーヒーミルに豆を入れて、ゆっくりと回転させる。手応えと香りを感じながら豆を挽く。

5 ドリッパーに移す

今回はドリッパーを使うため比較的細挽きにしたが、淹れ方によって粗さは調節しよう。

6 「の」の字を描いて注ぐ

まずは中心から「の」の字を描くように1投目を注ぎ一度粉を蒸らす。2、3投目をゆっくり注ぐ。

Finish

すべてのお湯を注いだらできあがり。個々のマグを用意し、みんなで香りを楽しみながら味わおう。

焚き火で楽しむ フィールドコーヒー

粗挽きしたコーヒー粉をやかんに直接入れて、煮出して抽出する飲み方がある。北欧の野外で仕事をする人々の飲み方で、長時間火にかけられる焚き火との相性が抜群。分量に決まりはないため、自分の感覚で一期一会のコーヒーを楽しもう。

直火での焚き火が恋しいときがある

　キャンプにおける「直火」とは、焚き火台などを使用せずに、直接地面で火を焚くことを指す。土を掘り返してその場にある石を使い火床をつくり、薪を組んで火を焚く。野趣あふれる直火での焚き火は、人としての根源的な何かを呼び覚ます効果がある。

　しかし、多くのキャンプ場で直火が禁止されている。芝や草などが傷み、景観を損なうのを避けるためだが、余った薪や炭などを放置したり、消火が不完全な状態で立ち去ってしまったり、焼却炉のようにゴミを燃やしてそのままにしてしまうなど、利用者のマナー・モラルの観点から禁止せざるを得なくなったキャンプ場も少なくない。

　その結果、さまざまな種類の焚き火台が世にあふれ、それらを使っての焚き火も楽しいものだから、直火での焚き火ができなくて困ることはない。しかし、できていたことが制限されるのは悲しい。それぞれのキャンプ場でのルールを確認し、節度をもって焚き火を楽しもう。

料理ジャンル

8つのジャンルに
分類して
レシピを紹介。
適したシーンで
選んでみよう。

 基本

 メイン

 ごはん

 おつまみ

 おやつ

 防災

 ドリンク

 デザート

調理道具

調理する際に
必要な道具を
紹介しています。

調理時間

以下のアイコンで
調理時間の目安を
紹介しています。

野外料理を
つくろう

キャンプの醍醐味は、なんといっても料理。
皆で楽しむバーベキューや、
冷え込んできた夜に嬉しい鍋料理、
ダッチオーブンを使った鶏の蒸し焼きなど。
シンプルな調理法で、素材のうまさを味わいつつ、
豪快さや共同作業を楽しむのが野外流。
ここでは、野外料理の基本と
おすすめレシピを紹介する。

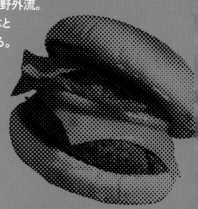

キャンプ料理で心がけたいこと

キャンプでのメインイベントともいえるのが料理。
作るのも食べるのも楽しい催し事だが、
メニューを考える際に心がけておきたい
キャンプ料理の考え方を紹介する。

お腹いっぱいに
残さず食べて！

野外にいるからこそ
環境負荷を考えよう

　キャンプは自然の中に我々がお邪魔をしにいくのだから、本来その場にないものを持ち込むとしても、置いていくことは避けよう。ゴミはもちろん、調理の際に使った油や食器を洗剤で洗ったときの排水なども、本来その場所には存在しなかったものだ。当然キャンプ場の施設が管理しているとはいえ、そこに配慮のないキャンパーにはなりたくない。

● 炊事場に頼らない

食事の準備や後片づけで洗い場をなるべく使わないようにしてみよう。食べ終わったらペーパーで拭き取り、空いたクーラーボックスに閉まって、自宅でじっくり洗えばいい。

● ゴミを少なくする

購入したときの食材トレーなどのゴミはなるべく家で処理して、保存容器などに移して持ち運ぶように心がけたい。そのためにも、キャンプでの買い出しは事前に行うのが理想。

人数に応じた
メニューを選ぶ

キャンプで食べたいメニューをつくっていると、際限なく食材も必要な道具も増えてしまう。そしてその分ゴミも増えてしまうので、人数に応じて必要な食事の量を見極めて献立を考えよう。夕食で使った食材が余ったとしても、翌朝のスープなどで使えるような献立を考えたい。みんなでお腹いっぱい食べて、食材を使い切るくらいを目指そう！

大前提も忘れずに

とはいえ、神経質にはなりすぎないように。おいしく思い出になる料理を心がけよう。みんなで共同作業すると、より記憶に残る料理になるだろう。

ゴミの分別をしよう

やむを得ず出してしまうゴミもきちんと分別して、キャンプ場のルールに従ってゴミ出しをしよう。とはいえ、キャンプ場に捨てられるからといって、依存しすぎないように。

自然由来の洗剤を使う

ペーパーで拭き取ってから洗うようにすれば、洗剤を使う量も減らせる。また、キャンプ場で洗い物をする際は、自然由来の洗剤を使うように心がけたい。

キャンプで地産地消をしよう

キャンプの食材調達は事前にしておくことでゴミを減らせる。しかし、せっかくキャンプへ行くのなら、現地ならではの食材で調理を行うのも醍醐味。そこで立ち寄りたいのが「道の駅」や「市場」だ。そこにはその地域で収穫された野菜や加工品が並び、中にはその日の朝獲れたものが売られている。流通コストもかからないので、比較的安価に入手することができるのもありがたい。

失敗しないごはんの炊き方

うまい料理には白い飯。これはキャンプだって同じだ。
でも、外でごはんを炊くのは難しいもの。
なぜなら、火を使ってごはんを炊くことに慣れていないからだ。
ここでは焚き火でごはんを炊くときのちょっとしたコツを紹介する。

重要なのは火力と鍋の温度

おいしいごはんを炊く秘訣は、とにかく火力を強くすること。でも、キャンプでよくあるのが米を焦がしてしまうことだろう。当然、火を強くするだけだと、底だけに火が当たってしまう。そこで、気をつけてほしいのが、まんべんなく米に火を通すこと。コツは強い火で鍋を包んで、鍋全体に均一の熱を与えることだ。難しければフタを開けて米をかき回してもいい。蒸らしのときはフタを開けてはいけないが、沸騰しているときは開けてもOK。これだけを気をつけるだけでもおいしくごはんが炊けるはず。ここでは、その他にも知っておきたいごはん炊きのルールを紹介するので参考にしてほしい。ただし、キャンプでのごはん炊きに失敗はつきもの。失敗してもくよくよしないで、炒めたり焼きおにぎりにしたりと、リカバーすることを楽しもう。

焚き火でごはんを炊く方法

基本　焚き火

(1) 精米された米はぬかが少ないので、研ぐというより軽くすすぐ程度でいい。研げば研ぐだけ米の栄養を洗い流してしまう。

(2) 米を大きめのボウルに入れ、2、3回洗い、水に30分浸す。特にアウトドアは環境変化が多いため、米にしっかり浸水させる。

(3) 水を一旦捨て、鍋やダッチオーブンに米を入れ、水を入れる（好みの固さにするために量を調整する。基本は米1合につき180mℓ）。

(4) 焚き火を炎が上がるくらい燃やし、鍋を火にかける。風の状況により鍋を何度か回し位置を変え、底面だけでなく側面にも熱を与えるように鍋を包むように火を当てる。火の当たり具合がよくない場合は、フタを開けて米を混ぜてもいい。

(5) 蒸気が吹き出したら火をやや弱め、吹ききったところでしばらく弱火にかける（ダッチオーブンなら余熱で炊きあがるので吹ききったら火から下ろしてもよい）。

(6) 米の表面から水分がなくなったら火から下ろし10分蒸らす。炊けたら米を切るようにほぐす。

うまいごはんを炊く5つのルール

● 米は研ぎすぎない（旨みが失われるので）
● 普段以上にしっかりと水分を含ませる
● 最初は強火で米を混ぜる（フタを開けて混ぜてもOK）
● 鍋のなかの温度を均一に保つ
　（米にまんべんなく火を通す）
● 火を止めたらじっくりと蒸らす

災害時にも役立つ調理のコツ

ファスナーつき保存袋で
ごはん炊き

キャンプはもちろん、災害時にもおすすめなのがこの方法。ファスナーつき保存袋に入れて鍋でゆでるだけで、ほっくほくのごはんの完成。

1 ファスナーつき保存袋に米1合を入れる。米と同じ量の水を入れて30分ほど放置しておく。

2 米の部分が浸るように鍋に水を入れ、沸騰させたら袋の中の空気をしっかりと抜いたファスナーつき保存袋ごと投入。

3 袋の中の水分がなくなったら、火を止めてそのまま5分ほど蒸らして完成。

4 ふりかけを入れて、ファスナーつき保存袋のままにぎっていただくのもおすすめ。そのまま保存もできる。

すぐにゆであがる
1分パスタ

パスタを事前に水に浸しておけば、ゆであがり時間はたったの1分（1.4mmの太さなら90分ほどつける）。
燃料の節約になるのだ。伸びたりせず、それどころかモチモチの食感になるから驚きだ。

1 ファスナーつき保存袋にパスタを入れて、浸かるように水を入れる。

2 パスタが水を含んでやわらかくなる。1.4mmの太さなら90分ほどが目安。
＊水に浸したまま冷蔵庫なら3日間は保存が可能。

3 水を含んだパスタの水気をきって、沸騰したお湯に入れる。芯に水を含んだパスタは1分ほどでゆであがる。

4 ゆであがったパスタを皿にあげる。オリーブオイルやハーブソルト、好みのソースなどと混ぜていただく。

キャンプを盛り上げるアイディアレシピ

ここからはキャンプでチャレンジしたい、
アイディアレシピの紹介。
キャンプ料理はひとつのミッション。
協力してみんなで楽しくつくりあげよう!

肉を
まるごと焼く!

こんがりジューシー!キャンプ料理の王様

メイン　焚き火　ダッチオーブン　60min

ローストチキン

材料
(4人分)

丸鶏(中抜き)…1羽
にんじん…2本
じゃがいも…4個
玉ねぎ…2個
カボチャ…1/4個
アスパラ…7本
ブロッコリー…1株
マッシュルーム…10個
塩・コショウ…適量
オリーブオイル…適量
にんにく…3片

つくり方

1　丸鶏にまんべんなく塩・コショウを多めにすり込む。
　数時間そのままクーラーボックスでなじませる。

2　熱したダッチオーブンにオリーブオイルをなじませ、
　にんにくをさっと炒める。にんにくを取り出し、
　丸鶏をまんべんなく転がして表面に焼き目をつける。

3　ダッチオーブンに網を敷き、野菜を鶏のまわりに詰める。
　下は弱火でフタの上に炭を10個乗せて60分焼く。
　葉物野菜は残り10分くらいで投入。
　肉の厚い部分に串を刺して透明な肉汁が出れば完成。

丸鶏の解体方法

できあがりは豪快な丸鶏も、いざ食べるとなると
どこから切り落とせばよいかわからないもの。
ここでは簡単な解体方法を紹介しよう。

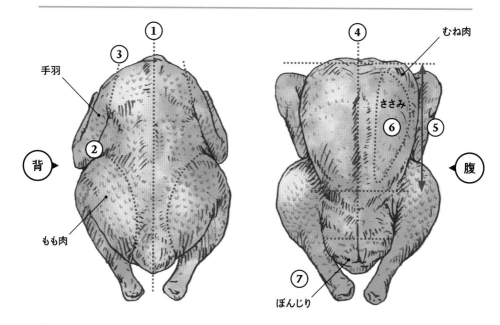

① まずは背中から切り込みを入れる。

② もも肉のつけ根に沿ってナイフ（包丁）を入れる。関節でつながっているだけなので、

　簡単に外すことができる（**A**）。もう一方のもも肉も同様に外していく。

③ 左右の手羽のつけ根に、関節部分に沿ってナイフを入れる。

④ 肉を裏返してお腹側を上にする。むねの中心に、骨に沿うようにナイフを入れる（**B**）。

⑤ 手羽、もも肉の切れ目から横向きに切り込んでいくと、むね肉がはがれる。

　むね肉をはがしたところにあるのがささみ肉。

⑥ 背骨に沿ってナイフで削ぐようにささみ肉を外す。

⑦ ぼんじりなど、食べられそうなところを外していく。

⑧ 切った肉をお皿に取り分けて完成（**C**）。

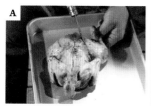

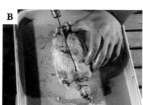

ジューシービーフバーガー

材料	牛薄切り肉 … 約300g	トマト（スライス）… 4枚	粗挽き黒こしょう … 適量
（4人分）	牛ひき肉 … 約300g	とろけるチーズ … 4枚	バンズ … 4個
	フライドオニオン … 山盛り大さじ4	グリーンリーフ … 適量	ケチャップ … 適量
	玉ねぎ（スライス）… 4枚	塩 … 適量	サラダ油 … 適量

つくり方

1 牛薄切り肉を包丁（ナイフやアックス）で叩き、ミンチにする（**A**）。

2 **1**とひき肉、フライドオニオンをボウルなどに入れ、
塩、黒こしょうを振って粘りがでるまでよく混ぜる。

3 **2**を4つに分け、パテにする。
パテを1つにして特大ハンバーガーをつくることもできる。

4 フライパンにサラダ油をひき、**3**を並べる
（**B**の特大ハンバーガーの場合は、ところどころに穴をあける）。

5 フタをして、中火～弱火でじっくり両面を焼く。
焼けたらアルミホイルなどで包んで保温しておく。

6 同じフライパンで玉ねぎを焼く。
焚き火などでバンズを好みの加減で焼き、内側にケチャップをぬる。

7 バンズに、**5**、チーズ、玉ねぎ、トマト、リーフをはさむ（**C**のバンズは手づくり）。

好きな具材をのせて食べる！

ごはん　焚き火　フライパン　串　30min

焚き火オープンサンド

材料（6人分）

食パン…6枚
ソーセージ…6本
卵…6個
とろけるチーズ…6枚
クレソン…適量
ケチャップ…適量
塩…適量
粗挽き黒こしょう…適量
サラダ油…適量

つくり方

1　フライパンにサラダ油をひき、目玉焼きをつくる。
　　塩、黒こしょうで味付けする。

2　ソーセージを串に刺して焼く。パンを両面あぶる（**A**）。

3　パンにソーセージ、チーズ、クレソン、目玉焼きをのせ、
　　お好みでケチャップ、黒こしょうをかける。

A

彩りも楽しんで
サンドしよう!

晩ごはんの余り食材もはさんでいただく!

メイン | フライパン | 10 min

ホットドッグビュッフェ

材料（3人分）

パン（2種類ほど）…6コ
ハム…9枚
トマト…2個
グリーンリーフ…適量
卵…4個
スライスチーズ…6枚
ケチャップ…適量
マヨネーズ…適量
マーマレードジャム…適量
バター…大さじ2

つくり方

1 トマトを半分に切ってスライスする。パンに切れ目を入れる。

2 フライパンにバターを温め溶かし、
   溶いた卵をスクランブルエッグにする。

3 すべての食材と調味料を
   それぞれ器やカッティングボードに盛る（**A**）。

4 パンに好きな具材をはさんでいただく。

A

メイン　フライパン　鍋　45 min

エスニックすき焼き

材料（2人分）

ジャスミンライス…300g
水…300ml
パクチー…1束
牛薄切り肉…300g
牛脂…適量
長ねぎ（白い部分）…2本
卵…2個
すき焼のタレ…適量

つくり方

1 ジャスミンライスを炊く。

2 牛肉にすき焼きのタレをからめておく。

3 ねぎは3cmにそろえて輪切りに、
パクチーは5cmにざく切りする。

4 お皿に炊いた1を盛り、
卵を割り入れた器を置いてパクチーを添える。

5 フライパンに牛脂を温め、全体に広げ一度火を止める。

6 長ねぎを真ん中に立てて並べ火にかけ、
片面が焼けたら裏返してもう一度火を止める（A）。

7 長ねぎのまわりに牛肉を広げ（B）、
中火にかけてすき焼のタレをまわしかける（C）。

8 長ねぎと肉に火が通ったら4に盛りつける。

A

B

C

メイン　鍋　50 min

やっぱり！あったかおでん

材料（4人分）

しいたけ…4個
しらたき…8結び
はんぺん…1枚
がんもどき…4個
セロリ（茎部）…1本
ちくわ…2本
ごぼう…1本
にんじん（中）…1本
厚焼卵（市販）…150g
水…1.5ℓ
おでんだし…1.5袋

つくり方

1　鍋に水といしづきをとったしいたけを入れて火にかけ、沸騰したら火を止めておでんだしを溶かす。

2　食べやすい大きさに切った具材を1に入れ、味がしみるよう弱火で煮込む。

おでんだしをシメor朝食にアレンジ！

ごはん　鍋　10 min

おでんだしカレーうどん

材料（4人分）

セロリの葉…適量
かつお節…適量
カレー粉…適量
ゆでうどん…2袋
だし醤油…適量
たし水…適量

つくり方

1　おでんだしの味を見つつ水を足し、カレー粉、だし醤油で味を調える。

2　ゆでうどんを入れて火にかけ、煮立ってきたらセロリの葉を入れる。

3　器に盛り、かつお節をかける。

サクサク食感で
キャンプの
おやつタイム！

おつまみ　フライパン　30 min

乾杯！フィッシュ＆チップス

材料（4人分）

カジキの切り身…400g
冷凍ポテト…300g
小麦粉…50g
片栗粉…50g
ベーキングパウダー
　…小さじ1/2
炭酸水…100㎖
ハーブソルト…適量
ガーリックパウダー…適量
粗挽き黒こしょう…適量
クレソン…適量
ケチャップ…適量
ドライパセリ…適量
マヨネーズ…適量
サラダ油…250㎖

つくり方

1 カジキの切り身を食べやすい大きさに切り、
ハーブソルト、ガーリックパウダー、粗挽き黒こしょうを振る。

2 器に小麦粉、片栗粉、ベーキングパウダーを入れ混ぜ合わせ、
炭酸水を入れてサックリ混ぜる。

3 1を2にくぐらせ、約180度に熱したサラダ油で揚げる（**A**）。

4 同様に冷凍ポテトを揚げる（**B**）。

5 クレソンと3、4を皿に盛り、
ケチャップとドライパセリを振ったマヨネーズを添える。

※骨のない白身魚の切身ならカジキ以外でもOK

A　B

おやつ　フライパン　10 min

揚げパン

材料（4人分）

ロールパン…6個
粉チーズ…適量
サラダ油…適量

つくり方

1 フィッシュ＆チップスをつくった油から揚げカスなど
を取り除き（油が足りなければ、適宜足す）、
180度に熱する。

2 ロールパンを入れて揚げる（**C**）。

3 揚がったらパンを取り出し、粉チーズを全体にまぶす。

C

メイン　フライパン　鍋　120 min

ローストポーク

材料	豚ロース肉（塊肉）… 350g	マーマレード … 大さじ1
(4人分)	塩麹 … 大さじ4	粗挽き黒こしょう … 適量
	にんにく … 1片	粒マスタード … 適量
	ローズマリー … 適量	サラダ油 … 適量

キャンプ前日から
冷蔵庫で
仕込んでおこう！

つくり方

【自宅で】

1 密閉袋に、塩麹、にんにくを
全体に塗った豚肉とローズマリーを入れて一晩置く（調理時間外）。

【キャンプ場で】

2 鍋にたっぷりの湯を沸かす。

3 フライパンにサラダ油をひき 1 を焼く。肉の全面にしっかり焦げ目をつける。

4 3 を密閉袋に入れて空気を抜いたら、火を止めた 2 に沈めてフタをする。
布などで覆い1.5〜2時間置く
（保温時間は気温や天候などに応じて、様子を見ながら判断する）。

5 豚肉を焼いたフライパンに、スライスした 1 のにんにく、
ローズマリー、マーマレード、4 の袋の肉汁を入れ、
弱火で混ぜてとろみのあるソースをつくる。

6 豚肉を食べやすい大きさに切り（A）、5 のソースと粒マスタードを添える。
好みで粗挽き黒こしょうを振る。

A

アルミホイル活用

キャンプ料理で持っておきたいのがアルミホイル。火
を入れた塊肉を包んで余熱でじんわり熱を入れるこ
とができたり、じゃがいもやさつまいもを包んで焚き
火に入れて焼きいもをつ
くれたり、フタの代わり
に代用できたりと活躍で
きる場面がさまざまある。

コンビニで
入手できるものだけで
つくれる！

焚き火と中華鍋でつくりたい！

ごはん　フライパン（中華鍋）　15 min

おにぎりチャーハン

材料（1人分）

市販のおにぎり… 2個
カットねぎ… 大さじ4
卵… 1個
サラダ油… 適量
粗挽き黒こしょう… 適量

つくり方

1　おにぎりの包装を開けて、ご飯とのりを分けておく（**A**）。

2　フライパンにサラダ油をひき、全体に広げなじませる。

3　2に溶いた卵を入れ、続いてご飯を入れて炒める（**B**）。
　ねぎを入れて粗挽き黒こしょうで味を調える。
　シェラカップに盛り、皿をフタにして被せてひっくり返して
　盛りつける（**C**）。残ったねぎをのせ、1ののりをちぎって添える。

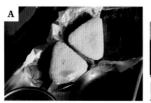

A

B

C

はさんで焼くだけで
なんでもおいしくなる！
<ruby>ホットサンドメーカー</ruby>
HSMレシピ！

蒸しパンでつくる
お手軽おやつ

おやつ　<ruby>ホットサンド
メーカー</ruby>　10 min

プリンパンサンド

材料（1人分）

蒸しパン（市販）… 1個　　　バター… 1片
プリン（市販）… 1カップ

つくり方

1　蒸しパンを半分に切る。

2　ほぐしたプリンを1ではさむ。

3　ホットサンドメーカーにバターを塗り、
　　2をサンドして弱火で両面を焼く。

ベーコン&レタス&
エッグ！

ごはん　<ruby>ホットサンド
メーカー</ruby>　10 min

BLEサンド

材料（1人分）

レタスハムサンド（市販）… 1個　　卵… 1個
ベーコン… 適量　　　　　　　　バター… 1片

つくり方

1　ホットサンドメーカーにバターを塗る。

2　1に卵を割り入れ、ベーコンを並べて弱火にかける。

3　2にサンドイッチを並べフタを閉じ、
　　様子を見ながら両面を焼く。

燻製おつまみ

※時間はスモークする食材の量、スモーク環境によって調整しよう

材料
（3人分）

うずらの味つけ卵 … 1袋　　ピスタチオ … 1袋
サラダチキン … 1個　　　　ソーセージ … 1袋
カニカマ … 1本　　　　　　そら豆スナック … 1袋
さけるチーズ … 1本　　　　スモークチップ … 大さじ2

つくり方

1　アルミホイルをお皿状にしてピスタチオ、そら豆スナックをのせる。
　　スモーカーの網に、各材料を並べる。

2　スモーカーの底部中心にスモークチップを置く（**A**）。

3　**2**にトレイ、**1**の順に置き、
　　フタをしてスモーカーの隙間から煙が出るまで60～90秒強火にかける。

4　煙が出てきたら弱火にし、
　　7～15分ほど（煙が隙間から少し出ている程度）スモークする。

5　火を止めてそのまま7～15分ほど置き、スモークを素材になじませる。

A

チーズは種類によって
溶けて落ちる場合があるので、
アルミホイルのお皿を敷くと安心！

スモーカーの種類

さまざま種類のあるスモーカー。スモークウッドを使うなら、段ボール型やフタ付きのBBQグリル型でも対応。スモークチップなら箱型で、バーナーで火にかけて使う。段ボール型なら自作もできるのでコスパも◎。

段ボール型

グリル型

箱型

簡単手づくり生地の
トマト／しらすピザ

材料 （2人分）	生地	トマトピザの具材	しらすピザの具材
	┌ ホットケーキミックス… 150g │ オリーブオイル… 大さじ1 │ 水… 50㎖ └ 塩… 小さじ1/2	┌ とろけるチーズ… 60g │ フレッシュバジルリーフ… 6枚 │ ミニトマト… 10個 │ ピザソース… 適量 └ 粗挽き黒こしょう… 適量	┌ とろけるチーズ… 60g │ しらす… 50g │ フレッシュバジルリーフ… 6枚 │ マヨネーズ… 適量 └ 粗挽き黒こしょう… 適量

つくり方

1　ボウルなどに生地の材料をすべて入れて混ぜ、
　　ひとつの塊にする（A, B）。

　　※ここまでを自宅でつくり、密閉袋などで持ち込んでもOK

2　1の生地を2つに分ける。

3　生地を丸く伸ばし、アルミホイルをフライパンに敷いて、
　　片面を焼く（C）。

4　一旦火を止め3を裏返し焼面を上にする。

5　【トマトピザ】

　　4にピザソースを塗り、バジルリーフ、半分にカットした

　　トマトを並べてチーズを散らし、アルミホイルで覆い、

　　弱火〜中火で焼く。

　　【しらすピザ】

　　4にマヨネーズを塗り、しらす、バジルリーフ、

　　チーズを散らし、アルミホイルで覆い、弱火〜中火で焼く。

6　ピザの底面が焼けたら火を止め、アルミホイルを取り、
　　トーチバーナーでピザの表面を炙る（D）。

7　6に粗挽き黒こしょうを振る。

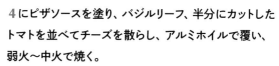

いつもの鍋で
新感覚の肉まんと
シュウマイと餃子が
手軽につくれる

たこ焼き用
フライパンで
餃子！

わくわく！点心セット

（肉まん、シュウマイ、餃子）

材料（5人分）

豚ひき肉 … 250g
千切りキャベツ … 1袋（130g入）
カットねぎ … 大さじ2
中華ペースト … 大さじ1
ミニトマト … 10個
グリーンピース … 適量
ベビーチーズ … 4個
ホットケーキミックス … 150g
水 … 50㎖
サラダ油 … 小さじ1
シュウマイの皮 … 20枚
餃子の皮 … 14枚

雨予報の
ときなどに、
キャンプの
家族や仲間と
一緒につくってみて！

A

B

C

肉ダネのつくり方（3種同じ）

1 豚ひき肉、千切りキャベツ、カットねぎ、中華ペーストをあわせ、
  ねばりがでるまでよく混ぜて肉ダネをつくり3等分する。

2 トマトは1/2にスライス、ベビーチーズはダイス状にカットする。

【肉まん】

1 ホットケーキミックス、水、サラダ油をあわせ、
  ひとまとまりになったら、平らなところで
  滑らかになるまでよく捏ねる。
  5等分にわけてそれぞれを丸めてラップなどで包む。

2 肉ダネ（1/3）を5等分に分けて丸めておく。

3 鍋（蒸し器）で湯を沸かす。

4 1の生地をそれぞれのばし、2を真ん中にのせて包む。

5 皿にオーブンペーパーを敷いて4をのせ、
  底網を敷いた3に入れて（A）フタをし、
  15分ほど火にかけて蒸す。

【シュウマイ】

1 鍋（蒸し器）で湯を沸かす。

2 シュウマイの皮の真ん中に肉ダネ（1/3）をのせて包む。

3 それぞれに2のトマト、チーズとグリーンピースをのせる。

4 皿にオーブンペーパーを敷いて3をのせ、
  底網を敷いた1に入れて（B）フタをし、
  10分ほど火にかけて蒸す。

【餃子】

1 たこ焼き用フライパンにたっぷりめのサラダ油（分量外）を
  なじませ、餃子の皮の真ん中に肉ダネ（1/3）をのせ、
  たこ焼き用フライパンに置いていく。

2 それぞれに、2のトマト、チーズとグリーンピースをのせる（C）。

3 2にアルミホイルをかぶせて中火で7分ほど焼く。

カニカマを使った
お手軽おつまみ

おつ
まみ　フライパン　10 min

トマトクラブマリネ

材料（2人分）

カニカマ … 約120g
トマト（大）… 1個
オリーブオイル … 適量
糸唐辛子 … 適量

つくり方

1　フライパンにオリーブオイルをひき、
　弱火でスライスしたトマトを焼く。

2　カニカマを器にほぐしておく。

3　2に軽くソテーした1を入れ、
　さっくり合わせて糸唐辛子を散らす。

粗挽き黒こしょうは
たっぷりめがおすすめ

おつ
まみ　10 min

サバと梨のハーブマリネ

材料（2人分）

サバ缶 … 1缶（90g）
梨 … 1個
ハーブソルト … 適量
粗挽き黒こしょう … 適量

つくり方

1　サバ缶を開け、汁を切っておく。

2　梨の皮を剥き、約3cm大に切る。

3　1を器に入れほぐし、2を加えて
　ハーブソルト、粗挽き黒こしょうで和え、
　仕上げにも粗挽き黒こしょうを振る。
　※ 梨はコンビニやスーパーの
　カットされたものでもOK

水気を切って混ぜるだけ
超絶スピードメニュー！

コーンバジルMIX

材料（2人分）
コーン缶 … 1缶（約145g）
フレッシュバジルリーフ … 5〜6枚
バジルソース … 大さじ4

つくり方

1 コーンの水気を切る。

2 器に1、バジルソース、バジルリーフを
　小さくちぎり混ぜ、仕上げに
　バジルリーフ（分量外）を添える。

お菓子のアラレが
ちょうどいいアクセントに

ノリのりグリーンサラダ

材料（2人分）
クレソン … 1束
アラレ（こつぶっこなど）… 約大さじ2
韓国もみのり … クレソンと同量程度

つくり方

1 クレソンを3cm程度に切る。

2 器に1、砕いたアラレ、韓国のりを
　さっくり合わせる。

野菜ジュースで避難生活時のビタミン不足を補える!

長期保存と短時間調理が可能!

防災  鍋 10 min

ベジラーメン

材料（1人分）

野菜ジュース … 200㎖
水 … 250㎖
インスタント麺（棒状）… 1束
ドライバジル … 適量
粗挽き黒こしょう … 適量

つくり方

1 鍋に野菜ジュース、水を入れて沸騰させる（A）。

2 1へ麺を入れ3分茹でる。

3 ドライバジル、粗挽き黒こしょうを振る。

A

93ページの浸水パスタの応用!

防災  鍋 10 min

即席!釜玉パスタ

材料（1人分）

パスタ… 50g
卵… 1個
ねぎ… 適量
ごま… 適量
かつお節… 適量
だし醤油… 適量

つくり方

1 密閉袋に水（パスタを浸せる量：分量外）と
　パスタを入れ90分以上浸水する（A：調理時間外）。

2 ねぎを小口切りにする。

3 鍋に湯（パスタを浸せる量：分量外）を沸かし、
　1のパスタを入れて1分茹でる。

4 3の湯を切って器に入れ、卵を割り入れ、かつお節、
　ごま、ネギをのせてだし醤油をかける。

A

手軽につくれる
デザートドリンク

ドリンク | シェラカップ | 15 min

HOTアップルジュース&
オレンジジュース

材料（2人分）

アップルジュース … 200㎖　　シナモンパウダー … 適量
オレンジジュース … 200㎖　　シナモンスティック … 1本
　　　　　　　　　　　　　　チョコレート … 適量

つくり方

1 アップルジュースはシナモンパウダーを入れて、
　シナモンスティックでゆっくり混ぜながら温める。

2 仕上げに追加でシナモンパウダーを振り、
　シナモンスティックを添える。

3 オレンジジュースをゆっくり混ぜながら温める。

4 仕上げにチョコを削ってちらす。

アメリカのクリスマスシーズン
の飲み物

ドリンク | 鍋 | 10 min

Happy Holiday
エッグノッグ

材料（1人分）

牛乳 … 200㎖
卵 … 1個
砂糖 … 大さじ1
ナツメグパウダー … お好みの量

つくり方

1 鍋に卵を溶き、砂糖とナツメグを加えてよく混ぜる。

2 牛乳を半量加え、表面が泡立つくらいよく混ぜる。

3 弱火にかけ、混ぜながら残りの牛乳を
　少しずつ加えてとろみがつくまで加熱する。

4 カップに注ぎ、ナツメグパウダーを振る。

夏キャンプに
涼感をもたらす！

ドリンク　5 min

Very Berry
ジンジャーエール

材料（1人分）
ジンジャーエール … 200㎖
冷凍ベリー … 適量
ハーブリーフ … 適量

つくり方

1 カップに冷凍ベリーを入れ、
　ジンジャーエールを注ぎ、ハーブリーフを添える。

体も温まるので
キャンプの夜に楽しみたい

ドリンク　鍋　10 min

Sweet
スパイスワイン

材料（1人分）
赤ワイン … 150㎖　　　　カルダモン … 適量
桃ジャム … 大さじ2　　　クローブ … 適量
オールスパイス … 適量　　オレンジスライス … 1枚
シナモン … 適量

つくり方

1 鍋に桃ジャム、スパイス類、半量の赤ワインを
　入れて弱火で混ぜながら温める。
2 フツフツしてきたら、残り半量のワインを
　入れて同じように温め、沸騰寸前で火を止める。
3 オールスパイス、シナモンを振り、
　オレンジスライスを添える。

焚き火の温もりとマシュマロの甘さ!

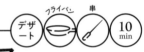

デザート | フライパン | 串 | 10 min

パイナップルスモア

材料（1人分）

マシュマロ…6個
チョコビスケット…2枚
輪切りパイン…2枚
バター…適量
チョコレート…適量

つくり方

1 フライパンにバターを温め、パインを両面焼く。

2 マシュマロを串で炙る。

3 チョコビスケットと1で2を挟む。

4 削ったチョコレートをちらす。

あずきバーを保冷剤にしてクーラーへ！

デザート　フライパン　鍋　15 min

あずきバーしるこ

材料（1人分）

あずきバー … 1本
お餅 … 1枚（50g）
バター … 大さじ1

つくり方

1　あずきバーを袋から出して、鍋で溶かしておく（**A**）。

2　フライパンにバターを溶かし、
　　1/4にカットしたお餅を焼く（**B**）。

3　**1**を火にかけて温まったら**2**へ流し入れる。

A

B

炭の種類と失敗しない着火の仕方

炭はバーベキューや煮込み料理など、
幅広く使える燃料。炭を種類ごとに使い分け、
扱い方をマスターすることで、
効率的にうまい料理をつくることができる。

なら材の切炭が断然おすすめ

　炭といえば備長炭というイメージがあるが、アウトドアではあまりおすすめできない。備長炭は炭のなかでももっとも火つきが悪く、初心者には扱いが難しい。そこでおすすめなのが、なら材の切炭。火つき、火力ともに申し分なく、においもなく、ほとんど爆ぜることもない。入手しやすい岩手県産の切炭ならば、形が6cm程度の均一に整えられておりとても扱いやすく、バーベキューやダッチオーブン料理に最適だ。道具にこだわる人でも、炭選びを軽視している人が多い。炭によって火つきや火持ちが異なるので、その特徴を理解して使い分けることが重要だ。

黒炭（切炭）

着火しやすく、すぐに高い温度が得られるので扱いやすい。においや煙も少なく、肉や魚をおいしく焼きあげることができる。

火つき	★★★★
火持ち	★★★
火力	★★★★★

白炭（備長炭）

長時間燃えるため、じっくりと肉や魚をおいしく焼きあげる備長炭。ただし、火つきはよくないので、黒炭の上においてじっくり着火させたい。

火つき	★
火持ち	★★★★★
火力	★★★★

オガ炭

形が整っているため扱いやすいが、火力が弱く火つきもそこそこ。扱いにくいのは、燃えた後に大量の灰が出ること。安価だからとはいえおすすめできない。

火つき	★★★
火持ち	★★
火力	★

失敗しない着火の仕方

1

炭で
ピラミッドを
つくる

形が同じで積みやすい黒炭をピラミッド状に積んでいく。その中央部に着火剤を入れる（写真では見えないが、1段目の炭の中央部にも着火剤が入っている）。

2

着火剤に
火をつける

着火剤を包むように炭を積んでピラミッドを完成させたら、隙間からライターなどで着火剤に点火。炭全体に炎があたっているのがわかる。

3

煙突効果で
火がよく回る

炭のピラミッド構造が生む空気の流れ（煙突効果）のおかげで火がよく回る。炭全体が十分に赤く焼けたらOK。

炭の置き方

できあがった炭は全面に並べるのではなく、端に炭を置かない場所をつくる。焼きあがった食材をこちらに並べればコゲなくてすむ。

調理はココで！ ｜ 焼きあがった食材はコチラ！

火の消し方

水を張った
バケツへ

水を張ったバケツに炭を入れる。沈んでしばらくは蒸気を発するが、浮かんできたら火が消えた証拠。グリルに水をかけて消火させるのは危険なのでNG。

火消しツボに
しまう

火消しツボに入れてフタをすれば、酸素がなくなり消火できるので、安全に持ち帰ることができる。入れた直後はツボ自体が熱を持っているので注意して。

● 炭はなぜ爆ぜる？

炭にある無数の小さい穴が、製造過程で高温になり密閉されることがある。それを使って火おこしをすると、熱によって穴のなかの空気が膨張し爆ぜるのだ。また、炭は水分を吸収する性質があるので、長く保管していた炭は爆ぜやすい。

● 着火剤には固型タイプのものを

炭と同様、着火剤選びもおろそかにしてはいけない。ここでおすすめしたいのは木材繊維質に灯油を染み込ませたタイプの着火剤。「文化たきつけ」「ベスター」の名で売られている。

● 便利な火おこし器もある

同じく煙突効果を利用して炭を燃やす火おこし器なるものもある。火おこし器の中に炭を入れて、下から火をつけるだけで炭に着火できる。形が不揃いで積み上げられない炭にはもってこいだ。

キャンプでローリングストックする

　キャンプの道具とスキルが災害時に役立つのは前述の通り。キャンプ道具やポータブル電源の備えがあれば、もしものときにも前向きに立ち向かえるはずだ。そして重要な備えとして食料も忘れてはならない。災害の規模によりライフラインの復旧に時間がかかることを想定して、家族で7日分の食料を確保しておきたい。

　食料の賞味期限が近づいてきたら消費して買い足し、一定量が備蓄されている状態を保つことを「ローリングストック」と呼ぶ。賞味期限の長いパックごはんやお米、缶詰、野菜ジュース、レトルト食品などは非常食の定番だが、それでも12〜24カ月ほどで期限がやってくる。これら賞味期限の近づいてきた食料をキャンプで消費してはどうだろうか。元々非常食なのだから、自宅のキッチンで消費するよりも、共に備えてあるキャンプ道具を使って調理することで、実践的な避難訓練となるだろう。せっかくのキャンプなので、3食すべて非常食では味気ないかもしれないが、時短で済ませたい朝食などで消費するのは理にかなっている。PART4で紹介した調理法（P93）や、レシピ（P118-119）を参考に、自分たちなりの非常食の楽しみ方を見つけてみるのもいいだろう。

自然の中で遊ぼう

せっかく野外にいるのだから、
自然との時間を存分に楽しみたい。
子どもたちと一緒に木の実や石、落ち葉で遊んだり、
ハンモックでのんびり昼寝をしたり。
事前の準備や高価な道具がなくても大丈夫。
自然の中で過ごすキャンプならではの
遊び方を提案しよう。

キャンプに決まりはない

設営をしたり料理をつくったり、
野外で生活するために必要な準備はしなければいけないが、
それ以外、キャンプでは何をしたって自由だ。
キャンプの楽しみ方を見てみよう。

自由に遊びを発想しよう

「キャンプに行って何をするの？」なんてよく聞かれる話である。実際、キャンプとは本来「目的」ではなく「手段」だ。そのため、泊まる以外にやるべきことは決まっていない。どんな風に過ごすかは自分たち次第なのだ。

のんびり昼寝をするでもいいし、自然環境下での読書もいいだろう。複数人でのキャンプなら、家族や仲間と相談して、やりたいことをリストアップ。それに必要なものを準備しておこう。やりたいことが見つからない人でも大丈夫。キャンプ場で何かしら用意してくれているし、周辺の自然散策だって日常に比べたら冒険になるのだから。

キャンプでこそ楽しみたいこと

じっくり料理

慣れない環境下での料理は難しい。だから、キャンプでは料理をつくること自体が遊びのようなものだ。塊肉をコトコト煮込んだり、生地からつくってパンを焼いたり、ダッチオーブンや炭火を使って、普段はやらないキャンプならではの料理にチャレンジしよう。子どもでもできることを見つけて、一緒に料理するのがいいだろう。

早朝の湖や海の景色を楽しむ

湖は早朝だと幻想的な景色を見せる。波もおだやかなので、カヤックなども風の影響も少なく安心して楽しめる。渓流釣りも朝や夕方のほうが魚が活発にエサを求めて動いている。早朝から自然に近い環境にいると、こうしたことを楽しめる。

昼からビールの贅沢

お酒を飲む人とキャンプはとても相性がいい。街の居酒屋で飲むのとは違って、帰宅する必要がないからだ。その上、仲間とともに自然という最高の環境下でお酒を飲み交わすことができる。昼のうちから飲まないなんてもったいない! キャンプならではの解放感を楽しもう。

アクティビティを楽しもう

ハイキング、サイクリング、カヤックなどなど、キャンプでは多くのアクティビティが楽しめる。自宅からアクティビティを楽しもうと思ったら、キャンプ同様に移動時間を考慮しなければならないが、拠点がキャンプ地なので、自然へのアプローチがしやすい。キャンプ場のサービスでアクティビティを展開していることも多いので、山や海、湖や川など行く先々でその地に適したアクティビティを楽しめるだろう。慣れてきたら自分たちで道具を揃えて楽しもう。遊ぶ場所や時間にとらわれずに、比較的自由に遊ぶことができる。

キャンプは2泊3日で行こう!

ホテル泊とは違って、設営や料理など
自分でする支度が多いのがキャンプ。
それがキャンプの楽しみではあるが、もっとゆっくりと過ごしたい人に……
2泊3日キャンプのススメ!

遊びの時間が
たっぷりとれる

　多くの人が、キャンプへ行くのは週末の2日だろう。これが意外に慌ただしく、昨日の昼に設営したのに、翌朝にはもう撤収。帰宅後の片づけをしたら、リフレッシュどころか疲れちゃった……なんてことも。働き方も多様化し、リモートワークやワーケーションなどの選択肢も増えたのだから、たまには思い切って週末＋1日。2泊3日のキャンプに出かけてみよう。1日増えただけで、自由に使える時間が格段に増え、ゆっくりのんびりリフレッシュできるはず。いつもは時間がなくて諦めていた凝った料理や、アクティブな遊びにも挑戦できる。

2泊3日の メリット	●登山口や河川までの距離が短いのでアクティビティをすぐに楽しめる
	●早朝から自然に近い環境にいることでしか見られない景色を望める
	●焚き火で長時間かけての料理にチャレンジできる
	●昼からお酒を飲んで、昼寝も存分に楽しめる

2泊3日ならこんなにゆったり

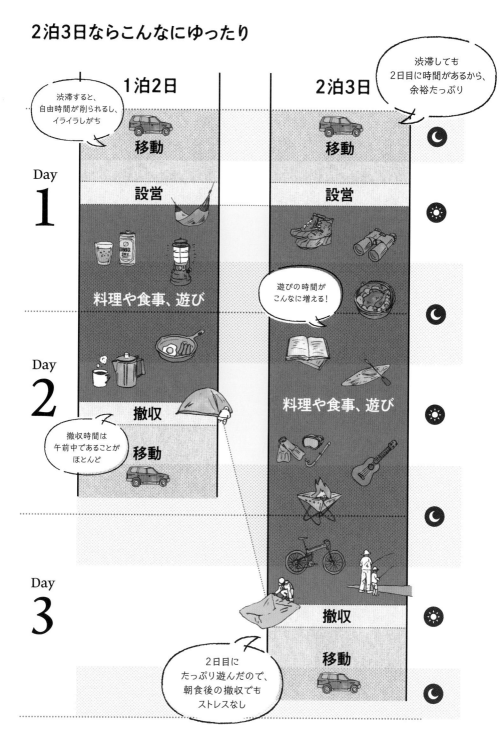

持っていきたい遊びの道具

キャンプでの過ごし方は十人十色。
自由な時間を過ごせるのがキャンプのいいところだ。
そんなときにあると楽しい道具を紹介しよう。

思いっきり
走れるよ！

カイト

浜辺や草原、広い場所で
思い切り飛ばしてみたい

凧を揚げる機会はあまりないが、広い場所だからこそ楽しめるカイトは、キャンプにぴったりの遊びだ。アウトドア用としてはスポーツカイトが有名で、ダイナミックさが魅力。ビニール製の洋凧なら手軽に楽しめるし、昔ながらの和凧も味わい深い。電線のない場所、足元がフラットな場所で安全に注意して楽しもう。

双眼鏡

鳥を見たり
景色を見たり

野外で双眼鏡といえば、鳥を見るのが定番だし、天体観察もできる。山や海の景色を見るのだって楽しい。倍率が大きいほど拡大して見えるが、手ぶれがおきたりレンズが暗かったりと使い方が難しい。キャンプで使うなら7〜9倍のものが適している。10倍以上なら三脚を使用するとよい。

ハンモック

何もしない
贅沢な時間を

キャンプに出かけたときこそ、ハンモックの出番。心地よい風を感じながら揺られる時間は、ふだんはなかなかできない、なによりの贅沢だ。全身が風に触れるので、暑いときの過ごし方としても最高だ。ある程度大型で、全身を覆うタイプが、いろいろな乗り方ができておすすめだ。

ルーペ

小さな宇宙を
覗いてみよう

昆虫や植物が豊富なキャンプ場。小さなルーペがひとつあるだけで、もっと詳しく観察することができる。キャンプに向くのは折りたためるコンパクトなルーペ。倍率は5〜10倍もあれば十分だが、もっと拡大してみれば、ミクロの世界を体験できる。

星見表

満天の星を
正しく知るために

キャンプの夜、街では見ることができない星の美しさに感激した人は多いはず。ただ眺めるのもいいけれど、せっかくだから星見表と照らし合わせて、星座を確認してみよう。子どもの自由研究などにも最適。スマートフォンには「星見表アプリ」もあるので、そちらを利用してもいい。

釣りセット

手軽にゆる〜く
楽しむ魚釣り

キャンプの合間に手軽に楽しむのにおすすめなのが、駄菓子店の「釣りセット」。釣り竿は、そのあたりに落ちている棒切れで。エサは朝食のパンの残りでもごはん粒でも。簡単な仕掛けだから、魚が釣れたときの達成感は大きい。針先のカエシをつぶしておくと、魚を傷つけず扱いやすい。

ハンモックでのんびりしよう

体をあずけるハンモックだから、
正しく設置しないと危険なこともある。
設置場所やその方法を知っておこう。

外へ出かけて、寝てみよう

　ハンモックは元々は熱帯地方で涼しく寝る
ためや、船で揺れに対応できる寝具として使
用されてきたものだから、その寝心地は歴史
的にもお墨つきだ。子どもは遊び場所として、
大人はくつろぎの場所として、ハンモックは
みんなの憧れだ。購入前に寝心地を確かめら
れるとベターだが、難しい場合も多いので、
すでに持っている人に使い心地を聞いてみる
といいだろう。どこでも設置していいわけで
はないので、設置に適した場所をキャンプ場
に確認して、安全にユラユラ楽しもう。

ハンモックに泊まる

屋根となるタープとセットになっているものや、寝袋と
一体型となっているハンモックもあり、ハンモックをテ
ント代わりにして寝床とすることもできる！工夫次第
ではテントより快適に泊まることができる。

ハンモックの設置方法

1 安全な木か確認する

ハンモックを設置するとかなりの負荷が木にかかるため、立ち枯れしていないか木の先を見て確認する。折れた枝などが引っかかって落ちてこないかなどもチェックしよう。

2 適度な樹間を見つける

ハンモックを設置するには、遠すぎず、近すぎず、適度な樹間が必要。大人の歩幅で6〜8歩くらいの樹間のある、ちょうどいい場所を見つけよう。

3 ストラップを巻きつける

ハンモックを吊るための、ストラップを木に巻きつける。ストラップが細すぎる場合や、樹皮の剥がれやすい木の場合は、タオルや専用のツリーウェアでカバーしてから巻きつけよう。

4 高さを確認する

ハンモックが腰より上くらいの高さにあると、腰掛けたときに地面にお尻がつかない。また、高すぎると腰掛ける際に危ない。ストラップの固定位置を変えて調整していこう。

5 体重をかけて安全確認

足はふくらはぎを伸ばす姿勢で、胸の位置に手を揃えてハンモックの中心にぐぐっと数回体重をかける。④で腰上だったハンモックの高さが腰の位置に下がるくらいがちょうどいい。

6 転倒しない座り方

ハンモックに乗るときは、まずハンモックの中心を見つけること。端に座ると転んでしまう可能性がある。ハンモックを広げて頭に被り、背中とお尻すべて収まるように座ると安全だ。

ハンモックの座り方

斜めに寝るのが◎

ハンモックで昼寝する場合、ハンモックと体を平行にしてまっすぐに寝てしまうと、沈み込んで腰に負担がかかる。ハンモックの"張り"を活かして、体を斜めにして寝るのがおすすめ。

心地よい揺れを感じる

ハンモックはソファのように座ることができる。幅広のハンモックであれば、ハンモックに対して垂直に寝ることもでき、ロッキンチェアのような揺れを全身で体験することができる。

ツリーウェアを使う場合

ハンモックに人が1人座るのに、片側だけで大人の力で4〜5人分くらいの負担が木にかかる。我々がのんびり昼寝するために、樹皮が剥がれるような負担をかけるのは忍びない。幅が2cm以下の細いストラップの場合は、タオルやツリーウェアを巻くようにしよう。

親子で楽しむ自然遊び

自然のなかは遊び道具の宝庫だ。
石ころや落ち葉だって、
視点を変えれば立派な遊び道具になる。
子どもはもちろん、
大人も童心に返って遊び回ろう！

自然の恵みで遊びつくす

　自由に過ごすキャンプの時間は、大人にとってはリフレッシュできる最高の機会だが、初めて自然のなかに飛び出した子どもにとっては「何で遊んだらいいの？」と感じてしまうこともある。ここは自然遊びの大先輩である親の出番だ。きっかけさえ与えてあげれば、子どもは自然のなかのすべてが遊び道具であるとわかるはず。あとは子どもに任せておけば、大人には思いつかないような新しい遊びを発明するだろう。まずは一緒に付近を歩き回って、楽しそうなアレコレを探してみよう！

落ち葉のベッドでお昼寝?

落ち葉は、子どもたちが大好きなアイテム。踏んで破ってそのサクサクした感触を楽しんだり、きれいな色、形の落ち葉を集めたり。秋のキャンプには、ふだんは見られないほど大量の落ち葉があるので、楽しみの幅が倍増する。ここは汚れなど気にせず、思い切り潜って、落ち葉の感触と香りを全身で感じてみては? もちろん大人もどうぞ。

お手伝いを兼ねて薪拾いに

遊び道具がないことに慣れていないと、退屈してしまう子どももいる。そんなときは散歩がてらに夜の焚き火に使う薪拾いに行ってみよう。薪に向く木、向かない木を教えつつ、夜は自分で拾った薪の燃え具合をチェックしてもらう。必要なものを見極める、たくましい子に育ってくれるだろう。

あんな形やこんな形、小さな宝探し

キャンプ場周辺で、宝探しをしてみよう! 森の中なら、プロペラみたいなカエデの種や帽子をかぶったドングリ、真っ赤な木の実などなど、季節ごとの小さな宝物が発見できるはず。河原ではツルツルで真ん丸、真っ白、シマシマ模様の石ころが集められる。自然の造形のおもしろさを子どもに伝えよう。

川辺のキャンプで水切り合戦

川の水面に石を滑らせるように投げる「水切り」。なかなか難しく、子どもはもちろん、大人も夢中になること間違いなし。平らな石を選んで、指で回転を掛けながら投げる。投げる方向は水面より少し上方。子どもに手本を見せるためにも、お父さんがんばって!

そこにいるだけでも楽しめる

あいにくの雨降りなど、あちこちを動き回れないときは、目をつむって周囲の音を聞いてみよう。雨音も木の葉の擦れる音も、子どもの豊かな心では楽しい音に聞こえるはず。ふだん、なかなか体験できない「自然の音しかしない」世界は、新鮮だ。親子で音当てをしても楽しそう。

キャンプで刃物を使ってみよう

野外生活で何かと役に立つナイフ。
日常では使う機会がほとんどないので、
キャンプで扱い方に慣れておこう。

キャンプでこその刃育（はいく）

食材を切ったり、焚き火のときに木の皮を削って焚きつけをつくったり、アウトドアや、いざというときに欠かせないのがナイフの存在。折りたたみ式の小型ナイフとはいえ刃物は刃物。正しい扱い方を覚えておこう。また、キャンプをきっかけに、子どもにナイフを使う体験をさせてもいいだろう。たとえば、大人と一緒に木の枝で箸をつくってみると、工作を通してナイフの正しい扱い方を覚えられる。間違った扱い方をすれば危険だということも。子どもにとっても、大人にとっても普段の生活では味わえない貴重な体験になるはずだ。

キャンプナイフ

焚き火で活躍する万能選手

多目的に使用できるナイフ。キャンプ用では木を削ったり薪を割ったりと、焚き火の際に使用することが多い。写真のものはナイフの鞘にメタルマッチが付属しており、着火道具としても機能する。

アックス

薪を効率的に割るパワータイプの刃物

刃の部分に重量があり、ナイフより力を入れず薪割りができるアックス。背の部分はペグハンマーとして代用することも可能だ。写真のように柄が短いものはハンドアックスやハチェットと呼ぶ。

クラフトナイフ

拾ってきた木で道具を生み出す

生木を加工して、木べらやカップをつくり出すことに長けたナイフ。焚き火をしながら拾ってきた木を削って、食事に使う道具をつくり出すのも楽しい。

ナイフの各部位の名称

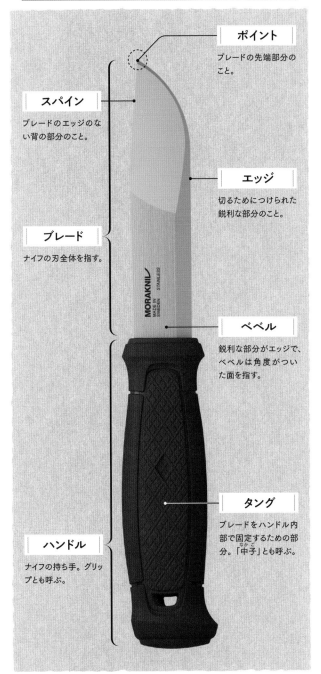

ポイント
ブレードの先端部分のこと。

スパイン
ブレードのエッジのない背の部分のこと。

エッジ
切るためにつけられた鋭利な部分のこと。

ブレード
ナイフの刃全体を指す。

ベベル
鋭利な部分がエッジで、ベベルは角度がついた面を指す。

タング
ブレードをハンドル内部で固定するための部分。「中子」とも呼ぶ。

ハンドル
ナイフの持ち手。グリップとも呼ぶ。

ナイフを扱うときの注意点

携行時の注意点
ナイフを野外に持ち込む場合、入れ物であるシース（鞘）に納めないといけない。また、キャンプの日以外で車に入れておくと、銃刀法違反になる可能性もあるので、キャンプ後はきちんと自宅で保管を。

受け渡し時の注意点
子どもの頃にハサミの扱い方を学んだように、考え方はナイフも同じ。ブレード側が渡す相手に向かないようにする。基本的にはシースにしまってから受け渡すように心がけたい。

未使用時も注意
キャンプ中、ナイフをほったらかしにしないように。同行者に子どもがいるならなおさら。自分が手を下さずとも、自分のナイフで誰かが傷ついたなら、それでも所有者の責任となるつもりでいよう。

ナイフを使って薪割り

ナイフで薪割りをすることを「バトニング」と呼ぶ。
針葉樹の薪であれば比較的やわらかいので、子どもでもチャレンジ可能。
安全に配慮しながらナイフを使いこなしてみよう。

バトニングとは

　木をリレーのバトンのように見立て、そのバトンで割りたい薪に当てたナイフの背を叩き、薪を割るのが「バトニング」というテクニック。太い薪にはすぐに火はつかないが、細くすることで着火しやすくなるため、焚き火の際に活躍するテクニックだ。正しいやり方と安全な姿勢をおさえておこう。

バトンになる木
キャンプナイフ
薪
薪割り台

必要なもの
- キャンプナイフ
- 薪
- バトンになる木
- 薪割り台

① 足を閉じて体の横で行う

バトニングを行う際、周囲に人がいないことを確認するのは大前提。また、自身に刃が向かないようにも注意。足の内側は太い静脈があるため、出血したら大変。足は閉じて行うように。

② 途中からはナイフの先端を叩く

薪に当てたナイフの背を叩いていく。ナイフが木に食い込んできて、背が叩けなくなってきたらナイフの先端の背を叩く。同時に先端だけが沈まないよう、ナイフを持つ手に力を入れて下に押し込む。

③ 薪が割れるまで繰り返し叩く

薪が割れるまで②の工程を繰り返す。ナイフが大きく動かないように持ち手でしっかりホールドしよう。薪割り台がない場合は、同じ幅の薪を並べて土台にすると小石などで刃が欠けない。

安全な薪割り

薪割り専用の器具を使えば安全な薪割りが可能だ。薪を台の中心にある刃にセットして、薪をハンマーなどで叩くだけ。力の弱い子どもや女性でも扱えるし、スピーディーに薪割りができる。

フェザースティック をつくろう

薪の一端に向かって、ナイフで薄く削っていき、薪に羽根が生えたような状態にして焚きつけとするものをフェザースティックと呼ぶ。羽根は薄ければ薄いほど火つきがよくなり、乾燥していると直接着火も可能となる。薪の内部の乾燥部分を削り出していくため、薪の表面が濡れていても着火できる。

はじめてナイフを使ってみたよ！

1
**細い薪を
用意する**

まずはバトニングをして細くした薪（小割りとも）を用意する。

2
**薄く細く
削っていく**

小割りにした薪の角を薄く細く削る。羽根ができたらナイフを止めて、ややめくると次が削りやすい。

3
**常に角を削る
意識で行う**

同じ面を削っていると羽根が邪魔になるので、薪を少し回しながら削って、常に角を見つけて削る。

4
**台に固定すると
やりやすい**

薪の先端を台などに固定すると安定して力を入れやすい。力が入りすぎて、羽根を削ったり薪を折ったりしないように。

**割り箸で
挑戦**

身近な割り箸でもフェザースティックはつくれる。力は不要なので安全に試せる。薪よりも折れやすいが、羽根をつくるために必要な力加減を会得することができるだろう。

空を観察して、天気を予想しよう

空や自然を観察するのも立派な遊びのひとつ。
せっかくだから昔からいわれていることわざをもとに、
明日の天気を予想してみよう。

明日の天気がわかれば
雨や風に事前に
備えることもできる！

自然観察で天気予報

　天気のことわざ、観天望気（天気俚諺とも）は、迷信のようでいて意外に根拠があるものだ。空にはたくさんの情報があり、昔から漁師や農家の人たちの間でいわれているもの、地域に根ざしたものなど、さまざまなものがある。ここで紹介するのは、そのごく一部。これらを頭に入れて自然を観察するのはおもしろいものだ。地域や地形によっても異なるので、あくまで予想ではあるが、明日の天気がわかれば「雨が降りそうだから道具は片づけておこう」とか「冷えそうだから暖かくして寝よう」などアクションを起こすことができる。遊びの延長で自然の変化にアンテナを伸ばすきっかけにもなる。

晴れの予報

夕焼けになったら

夕焼けが赤く見えるのは、低い位置にある太陽からの光は、大気中を通る距離が長くなり、赤い光だけが届くため。西に沈む太陽の光がきれいに赤く見えるということは、西に雲がない、空気が澄んでいるということ。日本では天気は西から崩れるから、西に雲がない＝明日は晴れ、となる。

煙が東にたなびいたら

焚き火の煙が東にたなびくのは、西風が吹いているということ。冬、西高東低の気圧配置のときに西風が吹くと低気圧が列島に近づけず、晴天が続くというのが、その理由。地形によって風向きが変わるので、参考までということになるが。また、春は北風、夏は南風が晴れの兆しといわれている。

夕方、クモが巣を張ったら

明日が晴れると感じたクモが、さっそくエサを採るための巣をつくる、ということだとか。雨の日の前はクモは巣をつくらないともいう。クモの巣の天気予報としては、朝露がついたら晴れというのもあり、夜空に雨雲がなかったため朝方冷え込み朝霧が出た＝高気圧に覆われているというものだ。

雨の予報

高い山に雲がかかったら

富士山のように高い独立峰に笠のようにかかる雲は「笠雲」と呼ばれるもの。上空の風が強いか、空気が湿っているときに見られ、気圧の谷が接近している可能性が高い。太陽や月に雲(暈)がかかったときも、雨が降ると予想できる(温暖前線が近づいているときに起こる)。

星がまたたくと

星がチカチカまたたくのは、上空で密度の違う空気が複雑に流れているときに起こる現象。上空に強い風が吹いている、大気が不安定な状態だ。朝気温が上がって上昇気流が起こると、その上空の大気が下がってくるため、風が強くなる、雨が降る兆しとされている。

ツバメが低く飛んだら

湿気が出てくると蚊などの羽虫の羽根が水分を含んで、低い位置を飛ぶようになる。そして、それをエサにするツバメも低い位置を飛ぶ、というもの。トンボが低く飛ぶときも同じ。乾いた空気は視界がよいため、トンビが空高くを飛んだら晴れ、というのもある。

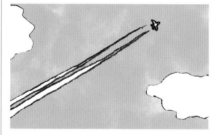

飛行機雲が長くたなびいたら

飛行機が飛んだ後に雲がしばらくの間、残るのは、上空の大気が水分を多く含む、湿った空気だから。低気圧や前線が近づいていると考えられる。天気は下り坂、雨になると予想できる。うろこ雲やイワシ雲と呼ばれる「巻積雲」も、天気に変化が起こるサインだ。

入道雲が出たら

夏によく見られる入道雲は、正しくは積乱雲といい、上空の大気が不安定なときに出現する。強い上昇気流によって巨大になり、雲の上部が気温氷点下もの高さに達し氷の粒がつくられる。夕立程度からゲリラ豪雨のような大雨、落雷、嵐のような突風をもたらす怖い雲だ。

情報収集の方法

街から離れたキャンプ地は、テレビやネットで見る天気予報のエリアから外れていることも多く、当てにならないこともある。最も近いエリアの天気予報を参考にすることになるが、確実なのは現地に直接問い合わせること。キャンプ場の管理人なら、空や風の様子、例年の傾向などからかなり的確に天気について教えてくれるだろう。米軍のサイトで台風情報を見るのもよい。また、海の天気、山の天気の専門サイトなどもあるので(有料の場合も)、それらを利用するのもいい。少し難易度は上がるが、自分で天気図を読んで天気を予想できれば完璧だ。

車中泊キャンプのススメ

　キャンプスタイルの多様化に伴って、車中泊の人気も高まっている。長期休暇を低コストで各所を移動しながら旅ができるというメリットがあるだけでなく、災害時のシェルターとしても注目されている。車中泊仕様にカスタムされた車種も豊富で、SNSなどで車中泊アイディアなども発信されており、情報収集には事欠かないだろう。

　一方、車中泊仕様の車が日常使いに向いているかといえばそうとは言い切れない。車を複数台所有できる環境でもない限り、完全に乗り換えるのは難しいだろう。

　そこで、車中泊仕様の車をレンタルしてキャンプにて試験的に過ごしてみるのがおすすめ。実際の便利さ、不便さなどを体験するいい機会になる。もし、自身の車が限りなくフラットな状態で寝ることができるのなら、車をテント代わりにし、それ以外は従来のキャンプと同様にタープ下にリビングを展開し、解放的なキャンプを楽しむのがいい。車をテント代わりにできるのは防犯面でも安心できるので、女性のソロキャンプにも適している。

CAMP
TEXTBOOK

Part

これからの
キャンプのススメ

アウトドアライフアドバイザーとして、
キャンプを通して自然の中で過ごすことの大切さ、
そこから学べることの価値を伝えてきた寒川さん。
そんな寒川さん視点での、
キャンプの「楽しみ方」「注意点」などを紹介する。
これからのキャンプを一緒に考えてみよう。

今こそキャンプを文化にしよう

コロナ禍では屋外で楽しめるキャンプが大人気となり、大小さまざまな形のテントで賑わった。

自然に向かおうという
気持ちが大切

　私が本格的にキャンプを始めたのは1990年前後と記憶しているが、当時はアウトドア雑誌も数多く刊行されて誌面にはRV車を使ったオートキャンプが華やかに紹介されていた。

　日本オートキャンプ協会の統計によると、1996年には1580万人もの人がオートキャンプを体験したと示されて

おり、日本国民の10人に1人はキャンプ経験者ということで、いかに大きなムーブメントだったかがうかがえる。実際に当時、富士五湖のキャンプ場なんかでは湖畔にびっしりとテントが張られ、足の踏み場もない状況だったのを記憶している。そこから緩やかに下降し、2008年には705万人まで減少したが、それ以降はゆっくりと上昇し2019年には860万人となった。そのまま推移すれば数年後には1000万人に

届きそうな勢いであったが、2020年から世界はコロナ禍に突入し、人の行動に制約がかけられた。その結果、2020年は610万人と大きく減少したが、翌年の2021年には750万人と盛り返しを見せた。その勢いは多くのキャンプ場が予約でいっぱいで曜日を問わず賑わい、メディアにはキャンプというワードを見かけない日がないくらいキャンプは一大ブームとなった。

90年代のそれを第一次ブームとするなら、昨今は第二次ブームと呼んで差し支えはないだろう。第一次ブームは車を使ったオートキャンプが主流だったので、バーナーやクーラーなど大型の道具で家族やグループでのキャンプが目立った。スマホやSNSのない時代なので情報を得るのは雑誌や口コミ、ほぼ皆が同じような物を揃えていたように思う。

対して現代のキャンプは個人が簡単

2000年代に入ると、ツールームテントやフロアレスシェルターなど、テントの大型化及び多様化が進んだ。

に情報収集や発信ができるようになったことで、ソロキャンパーや女子キャンパーといったパーソナル化が進み多様化した。キャンプ道具や様式も随分と変わった。自然の中で不便さを楽しんでいたキャンプは、便利を楽しむものへと変容していった。そしてこれから先キャンプはどうなっていくのか。ブームは必ず終焉を迎える。いつの日か道具は処分され昔キャンプって流行ったよね、と懐かしむ思い出になってしまうのだろうか。

そこで一緒に考えてほしい。キャンプを一過性のブームで終わらせず文化にすることを。第一次ブームはバブル期とともにたくさんのキラキラしたレジャーに飲み込まれていったが、第二次ブームはコロナ禍を支えた純国内レジャーだった。この厳しい時代の洗礼を乗り越えたキャンプは、同好の士と繋がる楽しさや人間と自然の共生に気づかせてくれたのだ。災害大国の日本にはキャンプは必要必須なものだから。

1990年代のキャンプでは、タープ＋テントという基本的なスタイルが確立された。

コミュニケーションの大切さ

早い者勝ちのフリーサイトだが、混んできた場合、自分の周囲にどのようなキャンパーがどのくらいの距離感で近くに設営するかわからない不安も。

互いを思いやる
気持ちが大切

　ソロキャンパーが増えてパーソナル化が進むキャンプだが、だからこそキャンパー同士のコミュニケーションが大切となる。フリーサイトなど境界線のないキャンプサイトでは、時にロープが互いの敷地をクロスオーバーして越境したりする。また焚き火の煙は意図せずとも周りに流れていき、テントの中での話し声ですら場合によったら迷惑の原因となるかもしれない。そこで問われるのがコミュニケーション。お隣同士、一声かけ合うことで無用なトラブルを回避できるし、サイトを離れたり就寝の際の防犯効果も生まれたりする。またちょっとした忘れ物や困りごとの相談に乗ってもらえるかもしれない。声がけは設営前のタイミングがいいだろう。

　私がキャンプを始めたのは中学生の

頃だが、キャンプ場では大学生や社会人の先輩方が気に留めてくれて食事をご馳走になったり不足していた物を貸してくれたりもした。全てが初めてで緊張していた自分がほぐされ、仲間として迎えてくれたことが嬉しかった。いつの時代も初心者にとって心優しい世界であってほしいと願う。

特に炊事場やトイレなどの共用スペースでは声を掛け合いたいものだ。作業をしながら互いのおすすめのキャンプ場やおいしい食材が手に入るお店などの情報交換なんかができたら素敵だ。相手が気持ちいいと自分も気持ちいいし、場もきれいに保てるように思う。

昨今では、外国人のキャンパーも増加している。しかし、注意書きなどが外国語対応のできているキャンプ場はほんの僅かで、外国人キャンパーには不案内なことも多いと想像する。海外のキャンプ場にはない日本特有のルールなどカタコトの言葉でも身振り手振りで教えてあげよう。それをきっかけにSNSなどで繋がればちょっとした異文化交流ができるし、自分の世界も広がる。それもこれも他者を思いやる気持ちから生まれてくるものだ。キャンプとは人が集い共同生活する場や行為を表す言葉。アウトドア、自然が好き、と同じ趣向で集まった仲間なんだという認識がもてればそこはとても快適で楽しい空間となり、キャンプそのものの質が上がるのではないかと思う。

個人を尊重する「人それぞれ」という言葉は、そこでコミュニケーションを終わらせてしまう。
キャンプではもう少し踏み込んで、歩み寄りのコミュニケーションをしたい。

「想像力」「協調性」「防災力」が身につく

キャンプには人を成長させる効果がある

　キャンプは、古くは青少年の教育に、最近では社会人のチームビルディングにも活用されている。キャンプには人間を成長させるいくつもの効能があるようだ。

　まずは想像力が必要なんだと私は思う。キャンプに行く日や場所を決める、メンバーや交通手段も考え天候も調べる。それらの条件に合わせた道具の選択、食材調達などを進めて持ち運びしやすいようにパッキングをする。何から下ろすかも想像して積み込んでいく。キャンプ地に着いてからも想像力をおおいに働かせる必要がある。テントを張る場所選びは方角や風向き、周辺環境を考慮して決める。焚き火も薪の量や火の大きさなど、想像できるか否かで準備が変わる。野外料理は想像力の塊だといっても過言ではない。そして最後の撤収、次回また使うことを考えながら道具をしまっていき、次にその場を使う人のことを考え片づける。次に起こることをあらかじめ予測して行動することがアウトドア遊びの醍醐味だ（ただ、自然相手なので思うようにはならないけどね）。ひとりでそれをこなすのも楽しいものだが、グループで役割分担してできれば、共有感や達成感も得られる。食事の趣向も十人十色だけれど、同じ釜で炊いた飯を食べれば自ずと協調性も出てくるも

キャンプのみならず日常生活においても想像力は大切だ。物事に優先順位をつけられるし、ケガや事故を未然に回避できる。

協調性　想像力　防災力

テントやタープの設営、調理、片づけ、撤収は協力し合って。自分たちだけではなく共同生活の場であることも忘れてはならない。

ライフラインのない場所でも衣食住を組み立てられるのが一人前のキャンパー。培った技術や知識、道具を使って人助けもしよう。

自治体の防災訓練でもアウトドア体験を取り入れるケースが増えてきた。

のだ。仲間と一緒につくり上げる喜び
を感じよう。

　これらの感覚は災害時にもおおいに
役立つ。防災用品を準備する際に一般
のリストなどを参考にするのはいいが、
そこに想像力を働かせ、加減すること
でその人だけのオリジナルなものがで
きあがる。キャンプに行く際の道具選
びやパッキング技術があるのとないの
とでは、いざというときに大きな差が
生まれるだろう。雨風の中でも濡れず
に体温を維持できるウェアや寝具を持
っていたり、焚き火をすることで安全
な火の取り扱い方を学んだり、タンク
などに水を溜めて使用していれば自分
たちに必要な水の分量も見当がつくと
いうものだ。しまいこみがちな防災用
品と違い、普段から道具も使って野外
で生活することに慣れておけば、災害

会社の仲間たちと力を合わせて課題に向かうのは、円滑
なコミュニケーションを育む。

への不安も多少解消されるのではない
だろうか。キャンプはライフラインの
ない場所で衣食住を実現する道具、知
識、技術、判断力を養うのにとても適
している。そう考えてキャンプを楽し
み実践すれば、自ずと防災力も身につ
いてくるはずだ。

キャンプから解決する
トイレとゴミ問題

避けられないからこそ
快適なものにしたい

　キャンプにおける食事のレシピは驚くほど発展して華やかだが、その対として発生するトイレやゴミについては消極的で旧態依然としているように感じる。トイレとゴミは大なり小なりキャンプにとってもアキレス腱のひとつだろう。管理者がいてしっかりと掃除も行き届いているトイレも多いが、利用者のマナーが悪いとその結果は如実にあらわれる。

　海外に出るとあまりトイレでいい思いをしないものだが、アイスランドにキャンプに行った際にトイレのきれいさに驚いた。キャンプ場だけの話ではなく、市街地にあるスーパーのトイレなんかでもだ。その理由は使った人が掃除しているから。ただそれだけのことだ。そのために掃除用具が手に届くところに置いてあり、それを促すチラシが貼ってある。次に使う人のことを考え、自分が汚したらそれを自分で清掃する。他人のは嫌だろうが自分のはなんとかなるでしょう。家の外に出ると公共のトイレは誰かが掃除してくれるものと考える常識があるが、その考えを少し変えるだけで皆が快適に使え

アイスランドのキャンプ場のトイレはホテル並みの快適さだった。排泄に対する先進国だ。

ゴミ箱を用意すると大量のゴミであふれがちな日本と違い、ゴミ箱さえも美しい外観だ。

るものになるのだ。世の中全てが変わるのはそう簡単ではないけれど、せめて自分たちから変えていくのはどうだろう。実際にそれが文化となっている国もあるのだから不可能ではないと思う。

　この問題は災害時にもそのまま当てはまる。ライフラインが失われるような大きな災害が起こると、たちまちに困るのがトイレの問題だ。たくさんの人が限られたトイレを使い、汚れが積み重なっていくと手がつけられなくなる。それが衛生環境を悪化させ、身体にも不調をきたす原因となるのは明らかだ。それを繰り返さないためにも日頃から意識してトイレを使用する。キャンプでも、機会があれば非常用の使い捨てトイレを使ってみるのもいいかもしれない。この大きなトイレ問題をキャンプから解決できたら素晴らしいことだ。

　もうひとつ、キャンプをすると必ず出るゴミについて。今や利用者が持ち帰ることが主流となっているが、キャンプ場が引き取ってくれる場合もある。大人数でキャンプをすると大きな

ゴミ袋に一杯になりもするが、あまり気持ちのいいものではない。分別はもちろんだがゴミの量そのものを減らしたいものだ。そこで考えられるのが食品のパッケージは事前に取ってしまって、中身を食品保存袋などに分けて持ち込む。現地で買い出しをする際はなるべく簡易な包装のものを選ぶようにする。意識するだけでゴミはぐっと減るだろう。キャンプの最後に出るゴミの量の少なさをゲームのように仲間と競うのも楽しく減ゴミできそうだ。余談だが私はキャンプでは極力洗い物を出さないようにしている。土に浸水させていたり、川に下水が流れ込んでしまうような炊事場もあり、洗剤や油が自然界にそのまま流れていくのを恐れるからだ。食べ残ししないように心がけ、食べ終わったら食器や鍋は少量のお湯で濯ぎ（飲めるものは飲む）ペーパーで拭き取るようにしている。紙を使うのに抵抗のある人は、布の端切れで拭くのもいいだろう。家に帰ってからしっかりと洗えばいいのだから。こういう行為が格好いいと思われる世の中にしたいものだね。

自分の出した汚れは自分で掃除をと呼びかけるチラシがトイレの扉に貼ってあった。

2泊3日分のゴミ。なるべく少なくすることを楽しんでみるといい。

キャンプで気をつけるべき防犯

被害に遭わないように考える必要がある

　長年キャンプに親しんできた上で、いろいろと変わったことがある中のひとつに、世の中の治安が悪くなったことが挙げられる。昔ではあまり聞かなかったことだが、キャンプにおいて事故ではなく事件に巻き込まれる可能性があるということだ。まさかキャンプ場で、という驚くような事例がたくさん起きている。とても残念なことだが、ある程度の防犯意識を持たないと思わぬ事態に発展しかねないと心得よう。

　実例をあげるとまずは盗難が多発しているようだ。キャンプ用品は高額で人気の高いものもあり、基本は屋外に設置するものが多いので外部から目星をつけられやすい。テントの中といっても薄い幕一枚で隔てられているだけなので生活が透けて見えるようなものだし、その気になれば侵入はたやすいだろう。ではどのように防犯するかというと、人気のありそうなチェアやランタンなどは、あまり目立つ場所に置かないようにする。就寝前は必ずテントや車にしまっておくようにしよう。出かける際はできればテントに外から鍵をかけておく。転売が目的だったり

ファスナーの穴を利用して鍵をすると安心。ダイヤル式であれば、鍵を無くす心配もない。

もするので、自分とわかる印（名前でなくてもいい）を入れておき、傷など固有の特徴を覚えておく（写真に撮っておく）。

　こう書いているだけで、心が荒んでくる……。

　盗難よりも怖いのが性犯罪だ。これは女性のソロキャンパーが増えたことも関係している。楽しいはずのキャンプが一転、辛い思い出となるのは悲しいことだ。キャンプ以前の話で他の犯罪同様に人間として許されない行為だ。

　管理人が常駐しているキャンプ場を選ぶ、スマホの電波が入るかの確認、設営地は人がいるところを選ぶ、ホイッスルや防犯ブザー、護身スプレーな

どを手元に（トイレに行くときも）、複数の靴をテントの外に並べる、テントのファスナーに中から鍵をかける、灯りは消さない（外の常夜灯）、お酒を飲みすぎない……、などが予防策として挙げられる。

また知人の女性キャンパーから聞いた話だが、やたらとしつこくコミュニケーションをとってくる男性がいるという。親切心と下心の見分けがつきづらく、おそらく本人も自覚がないため不審者扱いもできないのでかなり厄介な存在らしい。困りごとを自分から言い出さない限りは、基本そっとしておいて欲しいとのこと。テントの張り方や焚き火を指導したがるあなた（私か）、要注意ですよ。

女性のソロキャンプでは、男性用の靴を一緒に並べることで防犯対策できる可能性も。

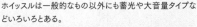

ホイッスルは一般的なもの以外にも蓄光や大音量タイプなどいろいろとある。

子ども連れのファミリーキャンパーも気をつけなければならない。数年前にキャンプ場で子どもの行方不明事件があった。大きく報道もされ、記憶している方も多いだろう。キャンプ場に隣接する山林に迷い込んだとされるが、誘拐という可能性もある。基本は大人が目を離さない、以前にそのような事件があったことを子どもに教える、トイレや遊びに行くときの約束ごとを決める、ホイッスルや防犯ブザーを持たせる、姿が見えないと思ったらすぐに探して周りにも協力してもらう、などだろうか。常に頭の片隅には入れておいて欲しいが、あまり疑心暗鬼になりすぎないようにさじ加減も必要かと思う。犯罪は起きてからでは遅いのでできるだけの予防策はとりつつも、しっかりとキャンプを楽しんでもらいたい。自然や野生動物より人間が怖いという世の中は是正したいものだ。

ユニバーサルなキャンプ

さまざまな人が自然体に集え楽しめるのがキャンプのよさだと思う。

さまざまな境遇の人と
キャンプを楽しむ

　ユニバーサルとは「普遍的な」「すべての人の」という意味で、ユニバーサルなキャンプとは「だれもがキャンプしやすい」「だれもがキャンプできる」ということを示す言葉だ。

　皆さんがこれまで使ってきたキャンプ場を思い出して欲しい。だれもがキ

オフロードに対応したタイヤを履いた車いす。キャンプムードにもバッチリだ。

運搬も自分でできるようなキャンプ用品のチョイス。どんなサイトが展開されるのか。

セルフで開くポップアップタイプは単独設営に有効だ。コット上にテントはアイディア。

低い位置のペグ打ちにもチャレンジ。長めのペグをチョイスしたほうがベター。

サイト完成。車いすからエントリーしやすそうな高さが考えられている。達成感も大きい。

ャンプできるような環境だっただろうか。そして私も含めた皆さんがだれとも隔てなくキャンプをしてこれただろうか。そんなことを考えるきっかけになったのは車いすの男性と知り合い、交流を持つようになってからだ。彼は不慮の事故で下半身が麻痺してしまい、車いすでの生活を余儀なくされた。知り合った当初は正直どう手助けしていいかもわからなかった。その後何度か会う機会があり、互いの性格もだいぶ理解できてきたところで彼と二人で一緒にキャンプに出かけた。火を囲み一緒に食事を作った。同じテントで眠り、いろいろな話をした。とても楽しい時間だった。そこには障害になるものは何もなかったし、むしろ自分の知らない彼の世界や心情を興味深く聞かせてもらった。グループでキャンプに行った際には自分のテントを持参して設営もすべて自分ひとりでやってのけた。その気になればほとんどのことはできる、と彼は言う。できないことは素直に人に助けを求める。自然体が心地いい。もちろん、ひとりひとりの性格は違うし障害にも程度の差はあるので一様に言えることではないのも承知の上だが、そこに意志があればさまざまな境遇の人が楽しめるキャンプであって欲しい。心の中にある垣根を取り払い、一緒に食べ、眠り、笑うことがなんと素敵なことか。

想像力をもって野生動物と向き合う

テントの中に食べ物を入れて荒らされてしまった様子。野生動物は味を覚えてしまう。

人間がお邪魔している
意識をもつ

　人も変容したが、自然界も変わりつつあるようだ。もとより人間がそれらの原因となっていることも少なくない。こと地球温暖化による自然界への影響は、もはや無視できるものではない。酷暑、台風、豪雨、さまざまな自然災害は野生動物たちの生態にも深刻な影響を及ぼしている。急激な環境変化に木が枯れたり実がつかなくなったりした

ことで、野生動物の食料が欠乏して人間のエリアに食を求めて入り込み、さまざまなトラブルを引き起こしている。

　北海道にキャンプに出向く機会が多いのだが、数年前にベアスプレーを購入した。道内の熊の出没頻度が増え、鈴などの消極的な対策だけでは間に合わないと判断したからだ。幸い使用の機会には遭っていないが、いつも手の届くところに携帯を心がけている。しかしながら不安までは消えない。

　食事のあとをそのまま放置すればほ

ぼ間違いなく猫や狸、狐といった野生動物に荒らされるだろうし、テントの中に食料をしまいシートを爪で破られた知人もいる。食べ物だけとは限らずコーヒー豆や歯磨き粉を荒らされた経験もある。味を覚えてしまった動物たちは繰り返すようになるし、その結果駆除されることになる。対策としては食料品の管理は買い物袋ではなくしっかり蓋の閉まるバッグに入れ替える。場を離れるときや就寝時はテント内ではなく車の中などに保管する、テントから少し離れた木から吊るす、専用のキャニスター（ベア缶）に入れる、など細心の注意を払いたい。

キャンプ場は動物たちの暮らすエリア内にあることも多く、基本は人間がお邪魔している側だという認識を持ちたい。またキャンプで倒木の下敷きになって人が亡くなった痛ましい事故もあった。キャンプ場の管理の問題もあるが、キャンパー側にもできることは

熊撃退スプレー（ベアスプレー）はいざに使えるよう使用方法を熟知し、手近に保管しておくことが大切。

ないだろうか。木のあるサイトでは、設営する前にやってもらいたい危険な木を見分けるポイントがある。枝や葉っぱがしっかりついて健康そうか、木の皮が剥がれて虫に食われたような穴が開いたりしていないか、キノコが寄生していないか、根腐れしてぐらぐらしていないか（ゆすってみる）、などだ。地面に枝がたくさん落ちているような木の下も避けたい。テントは落下物に対してとても弱い。これはハンモックなどを楽しむときも必要なチェックポイントだ。家族や仲間でぜひ共有してもらいたい。

こういったことはいきなり起こるのではなく、たいていの場合予兆がある。そのサインを見逃さないようしっかりと観察して想像力を働かせよう。自然を楽しむキャンパーは植物や野生動物といったその土地固有の生態系を壊さない努力が必要だ。

北海道だけではなく、日本全国に熊の出没が相次いでいる。看板に偽りなしだ。

子どもたちに生きる術を
継承したい

感性を引き出すのは
大人や社会の役目

　アウトドアやキャンプを通じて次の時代を生きる子どもたちに伝えたいことがある。それは太古の時代から人間が綿々とつづけてきた生きる術だ。いかなる状況下であっても火をおこし、体温を守り、自ら水や食料を確保すること。シンプルなことだが、現代ではそれらの知恵や技術がほとんどが失われてしまっている。スイッチひとつで多くのことがまかなわれ、快適な暮らしができる。生まれたときからそうなのだから仕方のないことだろう。

　キャンプは、ライフラインがない場所でも衣食住を能動的に組み立てられる技量が身につく遊びだ。この感覚をできれば小さなうちから身につけておきたい。そんな思いで未就学児や小学生にアウトドアを教えている。ナイフや火の取り扱いは多くの子どもが最初

火の育て方や安全な距離感を、知っていると知らないとでは人として大きな差がある。

空気を入れるタイミングは成功と失敗の繰り返しから学んでいくものだ。

は怖いという感情から始まるが、使い慣れるに従い道具が身体の延長になっていくような感覚を覚え、日常に欠かせない必須なものだということを理解する。それと同時にそれらの持つ危険さも身をもって感じとる。その狭間に人間がいて、判断次第ではそのどちらにでも転がすことができるということを時間をかけて学んでいく。遠ざけるだけでは一生かけても到達しない大切なことだ。子どもたちはゲームも好きだが、自然も大好きだ。目の前に現れる未知の生き物や植物に目を輝かせる。それらは二次元ではなく触ることも嗅ぐこともできる。その機会をたくさん与え、感性を引き出すのは大人や社会の役目だと思う。

ここで子どもたちに焚き火を教えるときに伝えていることを紹介しよう。それはふたつの視点を持つということ。火をおこす以前の話で、まずその場所が火を焚くことが許された場所か

どうかを考える。「ルールという観点」と「風や湿り気といった気象の観点」、「他者」と「自分」という観点、「燃料」と「道具」という観点もある。ひとつの事象には必ず対のものがある。難しいことかもしれないが、その理由を丁寧に話すと子どもたちは概ね理解する。自分がやりたいことだけを優先するのではなく、それ自体が周りから許されているのか。手元を凝視する眼と、ドローンのように高いところから辺りを見渡す眼を交互に意識する。なので火をおこす前に空を見上げて風を読むところから始める。ひとつひとつのことに間をおいて、次の手を考えてみる。そうすると事故やケガも少なくなる。何ごとも安全第一、着火もあれば消火もあるのだ。そんなふうに子どもたちとじっくり向き合う時間は、自分にとっても日頃の歪みが正される尊いものだ。これまで同様に未来にはいいことも悪いこともあるだろう。そのいかなるときでも役立つキャンプの持つエッセンスが、未来永劫に伝承されていくことを願っている。

グループで協力しての火おこし。うまくいかなくたっていい。すべてが経験。

海外のキャンプ場へ

日本ではなかなか出会えない、スケールの大きな自然のなかでのキャンプは一生の思い出。

キャンプを目的ではなく
手段としてみる

　情報は容易に手に入る時代だけど、経験は踏み出さないと始まらない。気がつくと情報にばかり時間を使ってないか？それでは心も視野も狭くなってしまう。新しいキャンプ場の開拓もいいけれど、思い切って海外にキャンプに行ってみるのはどうだろう。海外のアウトドアはスケールが違う。私もこ

れまで北米や北欧にキャンプに出かけた。そこで体験したことは人生を変えるといっても過言ではない貴重なものばかりだった。初めて海外でキャンプしたのはメキシコの無人島だった。当時日本では見かけることのなかったダッチオーブンで食事をつくり、少ない水で洗い物をする術や自然の中でのトイレ、満天の星のもとサボテンを燃やした焚き火……。そのどれもが強烈に刺激的な体験で、それからの自分のア

ウトドア観にとても大きな影響を与えたものだった。その後は家族で西海岸をロードトリップしながらキャンプしたり、自然享受権のある北極圏でキャンプ場ではない場所での野営、アイスランドを一周するキャンプなど、そのどれもが心に残る素晴らしい旅だった。

　車を使ってのキャンプもいいが、トレイルを歩くのもおすすめだ。世界には目が眩むほど長いトレイルがいくつもある。体力と時間が許せば地球を身体で感じられる旅ができるだろう。日本では味わえない大自然をぜひ体験してもらいたい。海外でキャンプすると、よくも悪くも日本のキャンプというものが見えてくる。当たり前だと思っていたものがそうではなくなり、自分の中に小さな革命が起こる。いいものを伸ばし、悪いものは是正したい。それがわかるだけでも大いなる価値だと思う。ここで断っておくが、私はそれほ

海外キャンプの利点は絶対的に人が少ないこと。絶景を独り占めというチャンスもある。

ど語学が堪能ではないし、コミュニケーション力が特別高い訳でもない。好きなことをやりに出かけるのだから多少の障害は問題とは思わない。むしろ旅のスパイスくらいに考えるのが丁度いい。ただし犯罪や事故にだけは重々注意が必要だ。

　また、国内のキャンプでもまだまだ楽しめる方法がある。それはキャンプを目的にするのではなく、手段としてみることだ。例えばカヤックで沿岸を旅してみる。自転車で北海道を走る。車とは違って荷物の制約があるがその選択が楽しい。自分にとって本当に必要な道具がわかるし、足元の文化を深く知ることができる。そういった旅の手段にキャンプを使わない手はない。さて、ここまで読んでその気になったのなら（笑）、まずは地図を広げてみよう。モニターの中ではなく大きく開く地図がいい。世界中の冒険者たちもそうしてるはずだ。いつもの道具でいつもとは違う場所へ。世界はいつでもあなたを待っている。

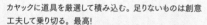

カヤックに道具を厳選して積み込む。足りないものは創意工夫して乗り切る。最高！

便利と不便をうまく使い分ける

テントではなくタープで泊まる。五感が研ぎ澄まされ、野営の魅力を満喫できる。

自然に溶け込んで
よりシンプルに

　キャンプがいよいよなところまでやってきた、と思うのは私だけではないはずだ。何がいよいよかというと、ここ何年かのキャンプの盛り上がりの結果、キャンプというものが便利の極みになってきたということだ。電気毛布や扇風機を使うキャンパーはもはや珍しくはない。快適なキャンプを目指すあまりに日常生活レベルの便利さを追

求するキャンパーも増えているように感じる。便利という言葉はつくづく怖いものだと思う。

　キャンプの歴史を振り返る上で、1970年代にアメリカで生まれたバックパックカルチャーは無視できない。それまでのキャンプといえば大型のキャンプ用品を大量に車に積み込んで、ファミリーで行くレジャーキャンプが主流だったところに、ヒップな考えを持つ若者たちが自ら荷物を背負い、足で歩くというバックパックスタイルを

世界に提唱したのだ。それは格好だけではなく、歩くことでより深く自然と親しみ、人間の経済行為によって大切な自然を破壊しないというメッセージも込められていた。その延長線上でライフラインは自らで賄う自然共生型のオフグリッドライフを実践した。

日本にはそのメッセージより、格好のいい道具がこぞって輸入され、そこに日本人の才能が加わり多種多彩なアウトドア用品が生み出された。海外のアウトドア用品はそう毎年は変わらないが、日本のそれは常に新製品で溢れる。今や家電製品と見間違わんばかりのアウトドア用品がずらりと並び、インターネットのキャンプ用品サイトは『沼』と称される。

それ自体を否定したい訳ではない。道具を持つ喜びは私も同じだし、選択肢が多いのは素晴らしいことだ。アウトドア用品は軽量、コンパクト、丈夫

便利なものは状況に応じて使い分ける。何をチョイスするにしても、ポジティブに捉えていきたい。

であり過酷な状況でも高性能を発揮する。それは人間の叡智の結晶とも言えよう。また災害大国日本はそこで培われた道具はいざというとき、万人に役に立つものも少なくない。その上で必要なのは自制心と、足るを知る心だ。

非日常であるキャンプを楽しむのに必要なもの、そうではないもの、その人のセンスと取捨選択が問われる時代なのだと思う。アウトドアの真髄は創意工夫することにあるといまだ信じている私も、最近になって浄水器と太陽光パネル、モバイルバッテリーをキャンプ用品のひとつとして迎え入れた。それらを使うキャンプ、使わないキャンプを私が考え判断すればいいと思っている。そう考えると、こんなに恵まれた時代もないものだ。便利なものがあまりなかった時代のキャンパーは、自虐の意味も込めて不便を楽しむという。今のキャンパーはごく普通に便利を楽しむ。ではこれからのキャンプは便利と不便をうまく使い分けるハイブリッド型ではないだろうか。

キャンプ場の倒木から入手した木を加工して、肉焼き器とした。あるもので創意工夫するのが楽しい。

人の道具の原点を
再び手に

便利と危険の
二面性がある

　人間の道具の原点は刃物と火だ。切る、焼くという行為を手に入れたヒトは、動物性タンパク質を十分に摂取することで脳や骨格が成長して二足歩行ができるようになった。また、刃物は獲物を狩る上でも欠かせない道具だ。刃物にせよ火にせよ、優れた道具は便利と危険の二面性を持ち合わせるように思う。それを安全に使いこなすのが人間なのだが、人はまた過ちも犯す生き物だ。いつの日か危険物として日常から刃物は遠ざけられ、キャンプでも必需品ではなくなった。アウトドアショップでは小さなショーケースに収められ、一部の愛好家のものとなった。それは人類の『退化』と言っても過言ではないだろう。260万年前に、アフリ

子どもと一緒に真剣に楽しくナイフトレーニング。キャンプならではの光景だ。

ナイフで削った木にメタルマッチで着火。火おこしがうまくいくと達成感も大きい。

カのエチオピアで打製石器を使い始めた我らの祖先以降、姿形を変え使い続けてきた刃物は現代人によって闇に葬られたのだ。

　私がナイフを積極的に手にしたのは、北欧のアウトドアカルチャーに触れたのがきっかけだった。スウェーデンでは幼児から安全なナイフの取り扱いを教え、小さな子どもたちが森で木を削る様子を現地で目の当たりにした。またナイフの背でメタルマッチを擦り、火をおこすというワイルドなスタイルもセンセーショナルだった。ナイフ一本で薪を割り、樹皮を薄く削り、メタルマッチで着火する、その一連の造作はキャンパーの間でちょっとしたブームにもなった。

　さらに惹きつけられたのは生木を削ってスプーンやカップなどをつくるグリーンウッドワークと呼ばれる木工芸。道具が新たな道具を生み出すという素

晴らしさに加えて、木を削るという行為が人間らしさにつながる気づきを与えてくれた。そのどれもが明確な目的を持った道具として正しく扱われ、メンテナンスまで含めたナイフカルチャーは多くのキャンパーを魅了している。ナイフが一本あればこんなにも豊かに楽しくなれるのだ。

　これらのナイフカルチャーの背景には北欧のサーミや、アイヌなどといった先住民族文化が深く関わっている。その土地の石や木や獣から作り出す彼らのナイフは象徴的な存在だ。自然と共生する彼らは刃物がなければ生活は成り立たない。それを安易に便利な何かに換えずに、そのスタイルや自分たちを生かしてくれる自然そのものを守ることが大切なのだと彼らはいう。つまりナイフを使い続けることで、ものづくりや人間同士の信頼関係、森や自然を維持していこうというメッセージとして受け取れるのだ。手を使い、手から生まれる喜びをナイフで味わってみよう。

サーミ人の使うナイフ。トナカイの角や皮を使った手づくりで、大切に取り扱われる。

覚えておきたいロープワーク

キャンプでは必須の技術というわけではないが、
何が起きるかわからないのがキャンプなのだから、
テントやタープなどの故障やトラブルに対処できるよう、
アウトドアで役立つ最低限の結びを覚えておこう。

ふた結び

立ち木にロープを固定したり、テントやタープの張り綱をペグに固定したり、一端を他の物体に強く縛りつけることができる。簡単でほどきやすく使用頻度も高い。

用途
- 立ち木にロープを張る
- ペグに張り綱を結ぶ

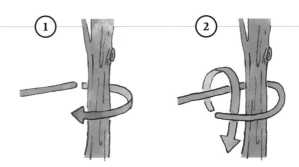

自在結び

ペグが打てないような環境でテントやタープの張り綱を木に結びつけるのに便利。長さを調節できるため、ロープの張りを緩めたり再び締めたりと調節が可能。

用途
- 立ち木にロープを張る
- 自在フックの代わり

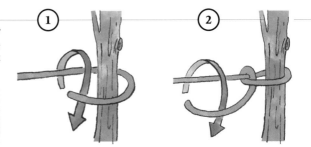

もやい結び

簡単ながら非常に強度が高く、固く締まっても容易にほどける結び方。輪の大きさが変わらないため、さまざまな場面で活用できる。

用途
- 立ち木にハンモックを吊るす
- カヤックを杭につなぐ

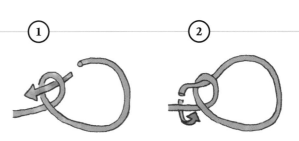

テントやタープには自在フックがついているため、ロープワークを必要とする場面は意外と少ないかもしれない。しかし、木やタープポールにランタンを吊るしたり、ペグが打てないような環境ではロープワークは重要なスキルだ。ここでは結びやすく、強度も高く、ほどきやすい、使用頻度の高い結び方を紹介していこう。

繰り返し練習して
頭ではなく、体に
覚え込ませよう

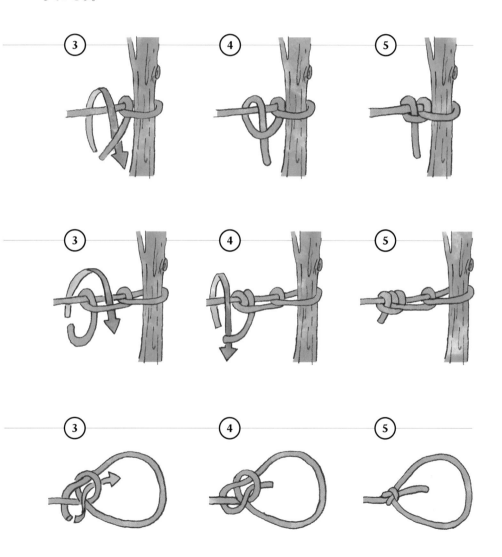

キャンプ時のファーストエイド

キャンプ中に起こりやすいケガや病気も、
予防法や応急処置の方法を知っておけば、
慌てず対処できる。
救急セットの持参もお忘れなく!

常備薬は
忘れずに!

熱中症

死に至るおそれもある、危険な症状

　熱中症は、熱けいれん、熱疲労、熱射病の総称で、近年は多くの死者も出ている危険な症状。高温多湿時に起こりやすく、梅雨時以降の暑い日には十分な注意が必要だ。ふだんはエアコン漬け、休日にいきなり猛暑のキャンプ場へ、とならないよう、ふだんから暑さに慣れておくことが予防になる。症状が出て意識が低下すると自分では気づけないこともあるので、お互いが注意することも大切だ。

症状

熱疲労
頭痛、めまい、冷や汗、手足の冷え、弱くて速い脈など。

熱けいれん
発汗、吐き気、めまい、口の渇き、手足、腹部のけいれんなど。

熱射病
荒い呼吸、体のほてり、発汗が止まる、皮膚の乾燥・紅潮など。

予防

● ゆったりとした涼しい服装を心がけ、
　 直射日光を避けるために帽子も着用する。

● こまめに水分補給をする。あわせて塩分も補給するとよい。

● 少しでも気分が悪いと思ったら、
　 すぐに涼しい場所に移動する。

処置

熱疲労、熱けいれんの場合
日陰に移動し仰向けに寝かせる。汗ばんだ体を拭い着替えさせる。体は冷やさず、両足を高くする。スポーツ飲料を飲ませる。

熱射病の場合
日陰に移動し、衣服をゆるめる。体がほてっている場合は風を送る、意識があればスポーツ飲料を飲ませる。自分で飲めない、意識が混濁している場合は、すぐに救急要請を。

救急セット
自宅の救急箱をそのまま持ち込んでもいいが、必要そうなものを厳選してキャンプ用のキットにしてもいい。箱で持ち込むとかさばる薬は、ピルケースに小分けにしておこう。保険証(またはコピー)も忘れずに。

虫さされ

危険な虫には
出会わない工夫もしたい

　むやみに虫を恐れる必要はないが、スズメバチなど危険な虫は、なるべく避けたい。スズメバチの場合、危険なのは10月ごろ。執拗に攻撃を繰り返してくるので、巣を見つけたら近づかないこと。遭遇したら大げさに騒がず、静かに姿勢を低くして遠ざかる。黒いものを攻撃するので黒い衣服は避ける。テントサイトでも蚊やブヨなど虫の多い場所では、肌の露出を避けること。虫除けスプレーやキャンドルなども積極的に利用したい。ハチやブヨに刺されたら、ミツバチなら針を爪で取り除く。水を流しながら毒を絞り出すように洗ってから、ステロイド軟膏、抗ヒスタミン剤を塗る。スズメバチに刺されたら即病院へ！

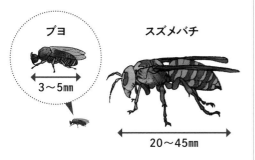

ブヨ　　　　　スズメバチ

3～5mm

20～45mm

ポイズンリムーバー

虫に刺されたとき、毒を吸い出すのに便利なポイズンリムーバーは、患部に直接触れることなく毒を絞り出すことができる。ただし時間が経過していると効果が薄い。

ヤケド

軽ければ
冷やすだけでOK

　火を扱うことの多いキャンプ。火や火器を扱うときは、グローブをするなど十分な注意を。ヤケドをしてしまったらすぐに冷水で冷やす。衣服の上からヤケドをした場合は、衣服を着たまま冷やす。水ぶくれができるほどのヤケド、またはそれ以上の場合、破かないように気をつけて医療機関を受診する。

処置

冷水の入った
コップを
使って冷やす

水で直接冷やす

切り傷・すり傷

水できれいに傷口を洗う

　野外での傷は小さくても、土中の細菌などで感染を起こしやすい。まずは傷口を内部まで流水できれいに洗うこと。出血がある場合は、傷口にガーゼなどを当てて強く押さえて止血する。出血箇所を心臓より高く上げて安静に。きちんと洗ったら、湿潤療法の被覆材（キズパワーパッドなど）や食品用ラップなどで傷口を覆う。大出血の場合は病院へ！

処置

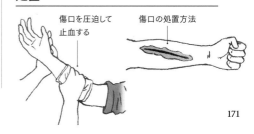

傷口を圧迫して
止血する

傷口の処置方法

初心者におすすめのキャンプ場
【全国版】

静岡

朝霧ジャンボリー
オートキャンプ場

**富士山のパワーをふんだんに吸収できる
キャンプの名所**

全面芝生で車が横付けできるフリーサイト。富士山の麓に広がるサイトから一望できる景色は絶景だ。周辺にはさまざまなアクティビティが楽しめる施設もあり、DAYキャンプだけでも楽しめる。場内の水道水は全て天然バナジウムが豊富に含まれた富士山の湧水。この水を使った料理は絶品になること間違いなしだ。

●**所在地** 静岡県富士宮市猪之頭1162-3 ●**TEL** 0544-52-2066 ●**期間** 通年 ●**In / Out** 8:30〜17:00 / 8:00〜16:00 ●**サイト料金** フリーサイト1張1870円〜（入場料大人1100円、小人550円）●**URL** https://www.asagiri-camp.net/index.html

静岡

大野路
ファミリーキャンプ場

**場内全面芝生のサイト
ハイシーズン以外は区画なしのフリーサイトが人気！**

国内有数の広さを誇る全面芝生サイトから雄大な富士の姿を望める。周辺には富士サファリパーク、富士山こどもの国、御殿場アウトレットなどもあり、遊びどころ盛りだくさん！場内にはアスレチック広場や釣り堀もあり、ファミリーに人気だ。

●**所在地** 静岡県裾野市須山2934-3 ●**TEL** 055-998-1567 ●**期間** 通年 ●**In / Out** 10:10〜 / 〜15:00 ●**サイト料金** フリーサイト1張4950円〜 ●**URL** https://oonoji.co.jp/

長瀞オートキャンプ場

埼玉

グランピング、バンガローなど、
さまざまなスタイルでアウトドアが可能

サイトが広々としているから、広大な荒川を眺めながら、ゆったりしたキャンプが可能だ。テントサイトの他にもグランピング施設やバンガローがあるので、常設された施設に宿泊することもできる。売店も充実しているので、初心者でも安心だ。周辺施設もさまざまあり、長瀞ラインくだりやSUP、ラフティングなどが楽しめる。

●**所在地** 埼玉県秩父郡長瀞町大字井戸559-1 ●**TEL** 0494-66-0640 **期間** 3/1～12/31 ●**In/Out** 12:00～17:00 / 8:30～11:00 ●**サイト料金** オートサイト1区画2800円～（施設利用料大人800円、小人400円）●**URL** https://www.nagatoro-camp.com/

青川峡キャンピングパーク

三重

手ぶらでキャンプ！
初心者におすすめのキャンプ場

鈴鹿山脈の麓、すぐそばを青川が流れる自然豊かなオートキャンプ場。場内では豊富な売店販売やレンタル用品、清潔に管理された設備が揃う。周辺のスーパーや温泉、各施設へのアクセスも車で10分圏内。スタッフも常駐で安心・快適に過ごすことができる。川遊びはもちろん公園も併設され、週末にはクラフトなどの体験イベントも開催されるので、お子さまも楽しめる。

●**所在地** 三重県いなべ市北勢町新町614 ●**TEL** 0594-72-8300 ●**期間** 通年（メンテナンス休業あり）●**In / Out** 14:00～17:00 / 8:00～12:00 ●**サイト料金** オートサイト1区画4500円～、フリーサイト1張3850円～（施設利用料大人1100円、小人550円）●**URL** https://www.aogawa.jp/

天神浜オートキャンプ場

福島

夕日に染まる、
猪苗代湖と磐梯山は一見の価値あり

猪苗代磐梯高原ICから車で5分ほどという好立地。道中には道の駅もあるので、ご当地ものをキャンプで堪能できる。湖畔に沿うようにフリーサイトがあるので、美しい湖を見ながら焚き火をしたり、のんびりしたキャンプが可能だ。夏にはSUPができるので、アクティビティ目当てで行くのもよい。24時間使えるコインシャワー完備。

●**所在地** 福島県猪苗代町中小松四百刈 ●**TEL** 0242-67-4133 ●**期間** 通年 ●**In / Out** 9:00～ / ～12:00 ●**サイト料金** フリーサイト1張2420円～（車1100円）●**URL** http://tenjinhama.com/

高ボッチ高原キャンプ場

長野

天空のキャンプ場。
ここでしか見られない絶景

八ヶ岳中信高原国定公園内にあるキャンプ場。北アルプスが一望できるオートサイトと好きな場所に設営可能なフリーサイトがあり、どちらも大自然を感じることができる。少し足をのばして山頂に行けば、富士山と諏訪湖を一緒に望むことができ、夜には諏訪湖周辺の夜景が輝く。上を見上げれば満天の星だ。10月中旬頃からは、雄大な雲海が見られることも。

●**所在地** 長野県塩尻市大字片丘 ●**TEL** 0263-88-8722 ●**期間** 4月下旬～11月下旬 ●**In / Out** 15:00～ / ～10:00 ●**サイト料金** オートサイト1区画3000円、フリーサイト1名1000円 ●**URL** https://tokimeguri.jp/guide/takabotchi

173

成田ゆめ牧場

**牧場に併設された、
開放感あふれる高規格キャンプ場**

施設内には、場所を自由に選べるフリーサイトとプライベートが保たれた区画サイトがあり、パーティーに合わせて選ぶことができる。周りは平地のため遮るものがなく、夜には星空が登場する。桜のシーズンは約100本のソメイヨシノが咲き誇り、お花見キャンプも人気。特別な延長なしで翌チェックアウトが17時までなので、1泊でも満足なキャンプができる。

● **所在地** 千葉県成田市名木730-3 ● **TEL** 0476-96-1001 ● **期間** 通年 ● **In / Out** 9:30〜15:00 / 〜17:00 ● **サイト料金** 施設利用料大人2500円、小人1300円（車1500円）● **URL** https://www.yumebokujo.com/

初心者におすすめのキャンプ場
【全国版】

道志の森キャンプ場

**雄大な自然を間近に感じられる
自然派のキャンプ場**

道志川沿いにある人気のキャンプ場。整地された場所や川沿い、森林などさまざまな場所でキャンプができる。サイトの広さもバリエーションが多く、週末はファミリーキャンパーはもちろん、ソロキャンパーの姿も多い。自然豊かなキャンプ場で、四季折々行く度に違った風景を見せてくれるので、いつ行っても新鮮な気持ちが味わえる。

● **所在地** 山梨県南都留郡道志村10701 ● **TEL** 080-4444-2440 ● **期間** 4月中旬〜11月中旬（上記期間外も開場しているが、水道施設の使用不可）● **In / Out** 9:00〜18:00 / 〜12:00 ● **サイト料金** フリーサイト1張800円〜（車1000円）● **URL** https://doshinomori.jp/

無印良品カンパーニャ嬬恋キャンプ場

標高1300m！
見晴らしのよい高原サイトが自慢

所在地の標高が高く、夏は避暑地としても名所。キャンプ場内に湖があるので、カヌー・カヤックが楽しめたり、釣り堀も併設。さまざまなアクティビティを楽しむことができる。無印良品で販売している「無印良品の小屋」や無印良品の商品が揃った「家具の家」にも宿泊が可能なので、アウトドア初心者でも安心して利用できる。

●**所在地** 群馬県吾妻郡嬬恋村干俣バラギ高原 ●**期間** 4月下旬〜11月上旬 ●**In / Out** 13:00〜18:00 / 〜12:00 ●**サイト料金** オートサイト1区画5500円〜 ●**URL** https://www.muji.net/camp/

ウェルキャンプ西丹沢キャンプ場

さまざまなスタイルで
アウトドアが楽しめる

広さ30万坪という広大な土地の中に、さまざまなサイトが点在するこのキャンプ場。山林や川沿いなどで、自分のスタイルに合ったキャンプが可能だ。コテージやログハウスもあるので、手軽にアウトドアを楽しみたい方にもおすすめ。また施設内にはドッグランがあったり、夏には川が天然のプールとして開放される。風呂も常設されているので安心だ。

●**所在地** 神奈川県足柄上郡山北町中川868 ●**TEL** 0465-20-3191 ●**期間** 通年 ●**In / Out** 12:00〜17:00 / 〜12:00 ●**サイト料金** オートサイト1区画4500円〜 ●**URL** https://well-camp.com/

しあわせの村オートキャンプ場

レジャー施設充実。
プラスαを求めるならここ！

テントサイトには、それぞれに電源や水道が用意されているので、出歩かなくてもOK。小さい子ども連れでも安心して利用できる。レジャー・スポーツ施設も併設されていて、アスレチック、レンタサイクル、乗馬、プールなどがあり、遊びには事欠かない。さらに温泉施設まであるから、文句なしだ。施設内の「しあわせマルシェ」では、新鮮な野菜を買うことができる。

●**所在地** 兵庫県神戸市北区しあわせの村1-1 ●**TEL** 078-743-8000 ●**期間** 通年（12〜2月は土曜・祝前日のみ営業）●**In / Out** 15:00〜18:00 / 〜13:00 ●**サイト料金** オートサイト1区画5000円〜 ●**URL** https://shiawasenomura.org/stay/autocamp/

ボイボイキャンプ場

絶景に満天の星。
自由気ままな全面オートフリーサイト

北に、くじゅう連山、南には阿蘇山系・祖母山系を望む絶景が楽しめるキャンプ場。広い草原サイトは、なんと東京ドーム1個分。全てのエリアで車の乗り入れが可能なので、好きな場所でオートキャンプを楽しむことができる。周りには遮るものが何もないから、夜には満天の星が輝くことも。ドッグランもあるから愛犬とのキャンプにも最適だ。

●**所在地** 大分県竹田市久住町大字久住4050-11 ●**TEL** 0974-70-4693 ●**期間** 通年 ●**In / Out** 13:00〜/ 〜11:00 ●**サイト料金** フリーサイト1区画1500円〜（施設利用料大人1100円、小人550円）●**URL** https://www.nap-camp.com/oita/12087

寒川一（さんがわ・はじめ）

1963年香川県生まれ。アウトドアライフアドバイザーとしてラジオや雑誌などのメディアで活動中。三浦半島を拠点に焚き火カフェなど独自のアウトドアサービスを展開。防災会社のアドバイザー、フェールラーベンやレンメルコーヒーのアンバサダーなども務め、とくにスカンジナビアのアウトドアカルチャーに詳しい。著書に『新時代の防災術』『焚き火の作法』（Gakken）、『「サボる」防災で、生きる』（主婦と生活社）、『アウトドアテクニック図鑑』（池田書店）など。

編集・執筆	渡辺有祐（フィグインク）、丸山亮平（百日）
執筆協力	たむらけいこ
撮影	見城了、原田真里、北村勇祐、渡辺有祐
撮影協力	篠沢大滝キャンプ場、ウェルキャンプ西丹沢キャンプ場、PICA表富士、キャンプ民泊NONIWA
モデル	釜田ファミリー、千葉信也、telacoya921の子どもたち、ニール＆かなで＋Yan、and Dear my friends
レシピ提供・料理制作	寒川せつこ
カバーデザイン	尾崎行欧（尾崎行欧デザイン事務所）
カバー写真	見城了、株式会社ローヤル企画
本文デザイン	尾崎行欧、本多亜実（尾崎行欧デザイン事務所）
イラスト	林憲昭
校正	株式会社鷗来堂

本書は当社既刊『新しいキャンプの教科書』に新たな情報を加え、リニューアルしたものです。

これからの
キャンプの教科書

監修者　寒川一
発行者　池田士文
印刷所　日経印刷株式会社
製本所　日経印刷株式会社
発行所　株式会社池田書店
　　　　〒162-0851
　　　　東京都新宿区弁天町43番地
　　　　電話03-3267-6821（代）
　　　　FAX03-3235-6672

落丁・乱丁はお取り替えいたします。
©K.K. Ikeda Shoten 2024, Printed in Japan
ISBN 978-4-262-16275-1

[本書の内容に関するお問い合わせ]
書名、該当ページを明記の上、郵送、FAX、または当社ホームページお問い合わせフォームからお送りください。なお回答にはお時間がかかる場合がございます。電話によるお問い合わせはお受けしておりません。また本書内容以外のご質問などにもお答えできませんので、あらかじめご了承ください。本書のご感想についても、当社HPフォームよりお寄せください。
[お問い合わせ・ご感想フォーム]
当社ホームページから
https://www.ikedashoten.co.jp/

24000003